Maria Anna Schwarzberg studierte Public Management und arbeitete nach dem Studium im Opferschutz für die Stadt Hamburg. Drei Jahre später hatte sie einen Burnout. Nach einer Auszeit machte sie sich als Journalistin selbständig und arbeitet heute als Autorin und Verlegerin. In ihrem Podcast «Proud to be Sensibelchen» widmet sie sich dem Thema Sensibilität in all seinen Aspekten: Menschen, Achtsamkeit, Nachhaltigkeit, Pommes, Feminismus, mentale Gesundheit und gesellschaftlicher Wandel.

Dieses Buch ist eine Ermutigung für sensible Menschen, eine vermeintliche Schwäche in Stärke umzumünzen: Anhand ihrer eigenen Lebensgeschichte erzählt Maria Anna Schwarzberg, wie sie gelernt hat, mit den Besonderheiten ihrer Hochsensibilität umzugehen. Dabei holt sie das Thema aus der Überempfindlichkeitsecke heraus. Für sie ist Hochsensibilität keine Krankheit, sondern eine Persönlichkeitseigenschaft, die für die Betroffenen mit Problemen, aber eben auch mit Chancen einhergeht.

MARIA ANNA SCHWARZBERG

proud to be sensibelchen

WIE ICH LERNTE,
MEINE HOCHSENSIBILITÄT
ZU LIEBEN

Rowohlt Taschenbuch Verlag

Anmerkung der Autorin: Einige Protagonisten und deren
Geschichte sind zum Teil etwas verfremdet worden,
um die betreffenden Personen zu schützen.

2. Auflage September 2019

Originalausgabe
Veröffentlicht im Rowohlt Taschenbuch Verlag,
Hamburg, September 2019
Copyright © 2019 by Rowohlt Verlag GmbH, Hamburg
Covergestaltung zero-media.net, München
Coverabbildung Candy Szengel
Satz aus der Arno
Gesamtherstellung CPI books GmbH, Leck, Germany
ISBN 978-3-499-63437-6

INHALT

KAPITEL 4:

Leben 1.0 85

KAPITEL 5:

Stress 135

*«There is nothing stronger
than a broken woman
who has rebuilt herself.»*

HANNAH GADSBY, NANETTE

KAPITEL 1:

Hochsensibilität

WAS IST HOCHSENSIBILITÄT?

Fangen wir ganz von vorn an: Was ist überhaupt diese Hochsensibilität? Ich bin eine große Freundin von Fakten und Wissen. Ganz gleich, was in meinem Leben passiert ist, ich war stets die mit dem Gesicht in den Büchern. Die meisten Wissenslücken habe ich früher oder später per Google und via Wikipedia geschlossen.

Google ich nach Hochsensibilität, lande ich (wie bei digitalen Suchanfragen üblich) mit dem ersten Eintrag beim Online-Lexikon Wikipedia und finde dort einiges über den wissenschaftlichen Hintergrund, Merkmale und Tests – doch eine allgemein anerkannte neurophysiologische Theorie, die die Ursachen beschreibt, suche ich vergebens.

Wissenschaftler, Psychologen und Psychotherapeuten, die sich mit dem Thema Hochsensibilität beschäftigen, sind sich in vielen Aspekten einig, in anderen wiederum nicht. Kurzum: Es hat sich noch kein*e Forscher*in hingestellt und gesagt: «Wissenschaftler*innen haben nun herausgefunden, dass Hochsensibilität durch diese oder jene Prozesse ausgelöst wird.»

Deshalb habe ich versucht, aus all den unterschiedlichen Ansätzen und bisherigen Forschungsergebnissen diejenigen Merkmale und Ursachen herauszufiltern, die den Begriff Hochsensibilität fassbar machen.

Vorweg: Man findet im Netz, aber auch in der Literatur, unterschiedliche Bezeichnungen für hochsensible Menschen. Manche sprechen von hochsensitiven, hypersensiblen oder überempfindlichen Personen oder verwenden den englischen Begriff *highly sensitive persons.* Im Grunde beschreiben sie aber alle dasselbe Phänomen.

Prägend für die Erforschung der Hochsensibilität sind die Untersuchungen von Elaine Aron, Pionierin auf diesem Gebiet. Im Laufe ihrer jahrzehntelangen Arbeit hat sie festgestellt, dass das Gehirn von hochsensiblen Menschen etwas anders funktioniert als das von Menschen, die nicht hochsensibel sind. Alle Sinneskanäle sind bei Hochsensiblen ständig offen, alle Reize gehen ungefiltert hindurch. Diese detailreiche Wahrnehmung lässt das Leben sehr bunt, sehr laut, sehr intensiv erscheinen – es fehlt sozusagen der Spamfilter. Sie führt allerdings gleichzeitig dazu, dass das Gehirn mehr Zeit und Ruhe braucht, diese Reize auch zu verarbeiten, auseinanderzunehmen, zu sezieren, neu zusammenzupuzzeln und ad acta zu legen.

Im Alltag fühlt sich das dann ungefähr so an: Ich steige in die Bahn und nehme sofort den eigentümlichen, speziell in Zügen auffallenden Geruch nach abgestandener und warmer Luft wahr: diese Mischung aus den Ausdünstungen vieler Menschen, beim Imbiss geholtem Essen und Resten von Putzmitteln. Ich kann die Grundstimmung im Abteil und die einzelner Menschen, die ich auf dem Weg zu einem (hoffentlich!) freien Platz ansehe, anhand ihrer Mimik, Gestik, Körperhaltung, der Tonalität ihres Gespräches, anhand ihrer Blicke, Kleidung, ihres Alters, Schmucks, Geruchs oder anderer äußerlicher Attribute ausmachen. Wenn ich einen freien Sitz gefunden habe, bemerke ich, dass der Platz noch etwas warm von dem / von der Vorgänger*in ist. Irgendwie ist das unbequem heute. Der Bezug des Sitzes drückt sich durch meine Strumpfhose und kratzt unangenehm; im spiegelnden Fenster fällt mein Blick auf die Silhouette meines Kopfes, in dem schon der Arbeitstag durchdacht, die Einkaufsliste zusammengestellt und das nächste Reiseziel geplant wird. Ich kann keines der mich umgebenden Geräusche ausblenden. Nicht die Musik, nicht die Gespräche, nicht das Atmen und Schnaufen, Husten und Niesen, Klicken und Umblättern. Dass ich das alles nicht ignorieren kann, liegt nicht an meiner großen Neugierde oder weil ich unhöflich lausche (Sorry, Tamara, du könntest dir auch echt einen anderen Ort für das Streitgespräch mit Saskia suchen!). Vielmehr ist es mein fehlender Filter, der zulässt, dass alle Informationen direkt in mein Gehirn transportiert werden.

Wird mir alles zu viel, schaffe ich mir während der Bahnfahrt mit einem Buch und der Zuhause-Playlist einen Hyperfokus, in dem ich mich dann nur auf diese beiden Dinge konzentriere und alles andere ausblende. Leider auch manchmal das Aussteigen. Dieser Hyperfokus ist zum Bahnfahren, aber auch zum Arbeiten (dann ohne Buch) geeignet. Er lässt mich sogar in Großraumbüros das schaffen, was viele Hochsensible sich wünschen, aber oft nicht können: in einem unruhigen Umfeld produktiv zu sein. Diese Form des effektiven und effizienten Arbeitens ist, das will ich nicht verheimlichen, wegen der großen Kraft, die man für die Konzentration aufbringen muss, stark erschöpfend. Aber das ist der Arbeitsalltag für hochsensible Menschen meist sowieso: Große offene Büros, die eigentlich der Kommunikation und Teamarbeit dienen sollen, aber natürlich auch direktere Kontrolle und Vergleichbarkeit ermöglichen und darüber hinaus zum Einsparen von Platz, Geld und Ressourcen dienen sollen, sind strapaziös für den Kopf und den Körper – nicht nur für Hochsensible, aber besonders für sie. Klingelnde Telefone, laute Telefonate, Rufe durch das Büro, spontane Mini-Meetings auf dem Gang, die klingelnde Tür, der/die Postbot*in mit der neuen Lieferung Arbeit, klappernde Türen, anschlagende Tastaturen, zirkulierende Ventilatoren, knisternde Lampen, offene oder geschlossene Fenster, zu warme oder zu kühle Heizungen, Tisch-zu-Tisch-Gespräche, Lachen, Schritte und die unvermeidbare Frage zur Mittagszeit: Kommst du mit uns essen? «Äh, nein. Ich brauche eine Auszeit, um das hier weitere vier Stunden durchstehen und dabei gut meine Arbeit machen zu können», denke ich und sage: «Ja, klar. Zum Italiener oder Chinesen?», weil ich nicht die Einzige sein will, die nicht mitgeht. Außerdem befürchte ich, dass meine Kolleg*innen es falsch auffassen könnten, wenn ich absage. Was ist, wenn sie denken, ich hätte etwas gegen sie, und das persönlich nehmen? Schlimmer: Was ist, wenn *sie* etwas gegen *mich* haben, und *ich* das persönlich nehme? Spätestens nach dem Mittag sitze ich also mit Kopfhörern an meinem Schreibtisch, um dem geforderten Pensum gerecht zu werden. Am liebsten würde ich aber jetzt schon nach Hause gehen und Mittagsschlaf halten.

Zu Hause komme ich dann erschöpft und müde an und drohe manchmal schon an den simplen Anforderungen des Haushalts zu scheitern. Wann putzen andere Menschen und kaufen Lebensmittel ein? Wann sortieren sie ihre Post und die Strümpfe aus, wann machen sie ihre Ablage und finden die Zeit, um all diese Fotoalben von ihren Reisen und den Kindern fertig zu basteln? Um zu lesen? Die neuesten Serien und Filme werden geschaut, Theater besucht, Sport getrieben, einem Hobby nachgegangen und Freundschaften gepflegt – das alles meistern andere Menschen neben ihrem vollen Arbeitsalltag – und ich bin schon damit überfordert, ausreichend und gesund zu essen, halbwegs Ordnung zu halten und mein Gehirn wieder runterzufahren, damit ich irgendwann schlafen gehen kann. Wie schaffen es andere, sich an fünf von sieben Tagen zu verabreden und diese Treffen auch wirklich einzuhalten? Es ist mir ein Rätsel.

Aber nicht erst, seitdem ich arbeite. Schon zu Schulzeiten habe ich nach der letzten Stunde erst einmal zu Hause ein Nickerchen von zwei Stunden gebraucht, um runterzukommen, habe mir dann Schokolade essend meine Lieblingsserie *Gilmore Girls* angesehen, und erst zum Abendbrot war ich wieder fit, um mich anschließend an besonders wichtige Hausaufgaben zu setzen (den Rest erledigte ich zwischen den Unterrichtspausen oder auch im Unterricht selbst).

Nun, im lang herbeigesehnten Erwachsenenleben, klappt das mit dem Mittagsschlaf nicht mehr, und so stehe ich vor der Wahl, allein zu Haus zu bleiben und meinem Ruhebedürfnis nachzugeben oder Freunde zu treffen, obwohl ich müde und unkonzentriert bin. Das heißt, dass ich nicht die gute Gesellschaft sein werde, die ich gern sein würde und die die Menschen verdient haben. Eine dritte Option wäre, kurzfristig abzusagen.

Welche der drei Alternativen ich wähle, knoble ich in meinem Gehirn aus, dass es nur so rauscht in meinem Kopf und ich nervös und fahrig werde, zu keinem klaren Gedanken mehr wirklich fähig, ständig alle Fürs und Widers abwägend: Wenn ich zu Hause bleibe, dann könnte ich mich ausruhen, einen Film schauen, früh schlafen gehen. Aber: Die anderen schaffen es ja auch, sich aufzuraffen – vielleicht muss ich nur meinen inneren Schweinehund überwinden? Würde ich mich nicht außerdem die ganze Zeit schlecht fühlen, wenn ich zu Hause bliebe und die anderen tolle Dinge erleben, ja überhaupt *leben*? Andererseits: Falls ich hingehe, fehlen mir Schlaf und Ruhe, die Quittung bekäme ich morgen, wenn ich matschig zur Arbeit gehe und den Tag über durchhänge. Ich könnte natürlich morgen Abend zu Hause bleiben. Ach nein, da ist ja die Verabredung mit Lisa. Mist. Anstatt Lisa heute schon abzusagen, mache ich das natürlich erst morgen am späten Nachmittag, weil ich bis zuletzt hoffe, doch noch fit genug zu sein, um das Treffen durchstehen zu können.

Zu sehr fürchte ich mich davor, dass andere Menschen bemerken könnten, dass ich anders bin. Dass sie mich abstempeln als die, die immer nur zu Hause ist und liest. Dass ich mit der Zeit ausgeschlossen werden könnte. Und dass das natürlich alles an mir liegt und mein Fehler ist. Also gehe ich auf Partys und andere Veranstaltungen mit vielen Menschen, die laut und betrunken und gesprächig sind und von denen ich einen Großteil nicht kenne. Es ist toll, wie sie ihre Zeit genießen. Nur tue ich das an neun von zehn solcher Abende nicht.

Bei Konzerten stehe ich am liebsten hinten, wo Platz und Luft zum Atmen sind. Oder draußen, das ist auch okay. Bei Partys vorzugsweise an der Bar. Um freiwillig zu tanzen, muss ich schon einiges trinken, und das mache ich dann auch, um diese Reizüberflutung an Musik, Menschen, Gerüchen und Lichtern mildern zu können. Alkohol betäubt und stumpft ab, sodass es mir leichter fällt, solche Veranstaltungen auszuhalten.

Es gibt Tage, an denen ich wirklich gern ausgehe, Menschen treffe und extrovertiert bin. Das gelingt mir eher, wenn mir die Orte und Menschen vertraut sind. In meine Lieblingsbar ums Eck zu gehen ist eine ganz andere Herausforderung als bei der WG-Party einer/eines ehemaligen Kommilitonen*in vorbeizuschauen. Eine enge Freundin auf eine Tasse Tee einzuladen, um selbst anstrengende Tage gemeinsam ausklingen lassen und noch einmal besprechen zu können, erfordert weniger Anstrengung und Überwindung als zum Essen mit mehreren Freunden zu gehen.

Neue Situationen und Menschen verunsichern mich. Wie mag es dort sein? Wo sind die Toiletten? Muss ich erst danach suchen? Oder danach fragen? Was ist, wenn es mir nicht gefällt und ich dort nicht so schnell wieder wegkann? Ab wann ist es okay zu gehen? Und: Wie sage ich eigentlich Hallo? Nur ein kurzes «Hi»? Nicken? Schüttele ich die Hand? Oder ist das zu förmlich? Aber eine Umarmung ist mir zu intim. Keinesfalls Wangenküsschen, die tausche ich nicht einmal mit Freund*innen. Was ist, wenn diese peinliche Stille entsteht? Was ist, wenn ich erröte? Wenn der/die andere mich von Beginn an deshalb für einen Schwächling oder eine Langweilerin hält?

Erzähle ich selbstbewussten, extrovertierten, nicht hochsensiblen Menschen von diesen Ängsten und Herausforderungen des Alltags, müssen sie meist lachen. Für sie ist es nicht nachvollziehbar, dass ich mir um diese Dinge ernsthaft Gedanken und Sorgen mache. Für sie sind sie so banal wie egal, können mit einem Lächeln abgeschüttelt werden. Ich beneide diese Menschen: Ich wäre gern so entspannt im Umgang mit dem Leben.

Die verstärkte Wahrnehmung von Außenreizen, mit der eine tiefergehende Verarbeitung und ein detailreiches Erinnerungsvermögen einhergehen, lässt Hochsensible tief empfinden und erleben, empathisch, aber eben auch schmerz- und rauschempfindlich, stimmungsbeeinflusst, perfektionistisch und selbstkritisch sein, häufig überangepasst und weniger belastbar. Kein Wunder, dass der Wunsch nach Harmonie und Ruhe in diesem immer auf Hochtouren laufenden, nie einen Gang runterschaltenden, selten für die Kurven bremsenden Gehirn sie nur zu gern allein sein lässt. Denn allein können hochsensible Menschen sein, wie sie sind. Den Reizstrom selbst regulierend – und vor allem kontrollierend –, schließen sie die Welt gern einmal aus, um wieder bei sich ankommen zu können. So gelingt es ihnen besser, sich auf die nächste Synapsenparty einzulassen, die da draußen auf sie wartet.

Es ist ein ambivalentes Leben, das Hochsensible leben, vor allem bis zu dem Punkt, an dem sie von ihrer Hochsensibilität erfahren. Vorher das implodierende Chaos, bei dem von außen niemand so genau wahrnimmt, was im Inneren für ein Wirbelsturm tobt. Hinterher, wenn erst einmal das Wort für dieses Empfinden gefunden ist – hochsensibel –, legt sich dieser Wind meist. So war es jedenfalls bei mir. Die Veränderung erfolgte nicht über Nacht, aber sie schlich sich langsam ein. Wo ich mich sonst darum sorgte, was andere denken könnten, was andere Menschen machen würden, was ich jetzt machen sollte oder müsste, setzt sich immer öfter die Frage durch: Was will *ich*?

Ich wollte mich nicht weiter emotional und körperlich ausbeuten, mich allen (empfundenen oder tatsächlichen) Erwartungen, Vorstellungen und gesellschaftlichen Standards anpassen. Ich hatte oft keine Kraft mehr, mich für den Schein eines extrovertierten Lebensstils zu verbiegen, und entschied mich, anfangs zögerlich und mich selbst stets und ständig hinterfragend, immer häufiger für Aktivitäten, die mir guttun. Meine nach außen lässige Attitüde, die Rollen, die ich einnahm, ließ ich fallen. Immer öfter konnte ich nachsichtig mit mir und in echter Freude beruhigenden Aktivitäten nach- und aufwühlenden Verabredungen und Verpflichtungen aus dem Weg gehen. Doch bis dahin war es ein langer Weg.

ICH, HOCHSENSIBEL?

Mit dem Begriff Hochsensibilität machte ich im Frühjahr 2016 Bekanntschaft, als ich mit der Jogginghose, die ich eigentlich nicht mehr an mir sehen konnte, in altbekannter Getriebenheit auf dem Zweisitzer in dem ziemlich perfekten Wohnzimmer in meiner wunderschönen Altbauwohnung lag – zwei Zimmer, Küche, Bad, Balkon – in einem angesagten Stadtteil in Hamburg. Sogar die Sonne ließ sich an diesen Tagen hin und wieder blicken. In meiner damaligen Wohnung, die ich auch heute gedanklich und emotional nur mit dieser Zeit und nichts anderem verbinde, war es wie immer aufgeräumt, sauber. Alles lag an Ort und Stelle, durchdacht, kontrolliert, obwohl ich längst die Kontrolle verloren hatte. Perfektion glänzte zwar nach außen, aber ich selbst – ich glänzte nicht mehr. Ich war erschöpft. Ich war müde. Ich konnte nicht aufhören zu denken. Ich konnte nicht ein- und dann nicht aufhören zu schlafen, ich mochte nicht essen, schaffte es nicht einmal, regelmäßig zu trinken, rauszugehen. Aber die Wohnung, sie glänzte immer noch. Rückblickend gesehen hatte ich zu diesem Zeitpunkt etwas sehr Wichtiges noch nicht wahrhaben wollen: Ich war echt am Ende.

Die Diagnose lautete F43.2, so stand es zumindest auf den Zetteln, die im dritten Fach rechts im CD-Schrank lagen. F43.2 also, eine «Anpassungsstörung als psychische Reaktion auf einmalige oder fortbestehende identifizierbare psychosoziale Belastungsfaktoren, die die Entwicklung klinisch bedeutsamer emotionaler oder verhaltensmäßiger Symptome zur Folge hat».

Viel zu früh hatte ich nach meinem Burnout mit der beruflichen Wiedereingliederung begonnen, hatte sogar währenddessen weiter meine Grenzen ignoriert, war immer noch auf der Suche nach – ja, wonach eigentlich? Ich wollte dieses Gehirn, das immer wieder aufs Neue Unruhe und Chaos in die Gedanken und ins Leben brachte, endlich zum Schweigen bringen.

Als Kind war es immer mein Wunsch, glücklich zu sein, wenn ich erwachsen bin. Und einen Pool mit Delfin und ein Haus zu haben. Das steht zumindest in dem Kinderbuch, welches ich in einer Kellerkiste voller Fotos und Erinnerungen fand. Ich wollte Zeit für einen Klönschnack haben, wenn ich mein Kind in den Kindergarten bringe, hinterher Zeit für einen Tee und generell immer genug Zeit, um Postkarten zu schreiben. Ich wollte kochen und backen und im Garten sitzen und lesen.

Von dieser Vorstellung von Glück war ich in diesem Moment weit entfernt. Und so scrollte ich durch die Facebook-App und biss mir mit der rechten Zahnreihe das Wangeninnere kaputt. Ein leichter Schmerz zog sich die Schläfe hinauf. Es könnte das überdrehte Gehirn oder Migräne sein, noch wusste ich es nicht genau. Mit dem rechten Zeigefinger wischte ich trotzdem immer schneller und schneller, denn viel Neues kam da mit dem dreizehnten Öffnen und Aktualisieren nicht mehr. Bis dann doch ein Artikel in mein Blickfeld sauste, den ich tatsächlich an diesem Tag noch nicht gesehen hatte und bei dem ich bis heute hoffe, dass mir dessen Überschrift, die Zeitung oder die/der Autor*in wieder einfällt, um sie/ihn hier und anderswo zitieren und eine lange Dankesnachricht schicken zu können. Interessant, dass das Gehirn sich noch an all die anderen unwichtigen Details so genau erinnern kann. Ich könnte meine damalige Wohnung aus dem Gedächtnis originalgetreu aufmalen, aber wer den Artikel veröffentlicht hat, ist aus meinem Kopf verschwunden. In diesem Artikel beschrieb der/die Autor*in, was es bedeutet, hochsensibel zu sein. Ich las ihn atemlos, und in meinem Kopf brauten sich 1 237 986 Fragen zusammen. Könnte es sein, dass ich …? Aber wenn, dann wäre ja …? Also, ich meine, das würde doch … alles erklären?! Ich fühlte mich sofort erleichtert, so sehr konnte ich mich mit dem Geschriebenen identifizieren. Wie bei einem Puzzle fügten sich mit dem plötzlichen Verstehen Gedanken und Erlebnisse zusammen und ergaben ein großes Ganzes, statt lauter loser Einzelteile.

Endlich hatte ich einen Namen für das, was ich fühlte. Menschen brauchen das, dieses Label, um verstehen zu können, um sich einer Gruppe – und wenn es eine Minderheit ist – zugehörig fühlen, sich mit ihr identifizieren zu können. Dieser Begriff machte jetzt auch für mich meine mentale psychische Verfassung greifbarer.

Wie immer, wenn neue Dinge auf mich zukommen, ich sie verstehen und begreifen möchte, machte ich auch an diesem Nachmittag Google und Wikipedia zu meinen Begleitern. Ich durchsuchte das Internet nach jedem Text, jeder Website, jedem Forschungsbericht, als hätte ich vor, noch an diesem Tag alles Wissen über Hochsensibilität in das ohnehin überlastete Gehirn aufzunehmen. Dabei wollte ich nur ganz sicher sein, dass ich mich nicht irrte. Dass ich ein Stück abseits der Norm stehe und irgendwie anders bin, das wusste ich. Dass ich nicht völlig krank war, wusste ich auch, zumindest hoffte ich es – F43.2 ist schließlich am unteren Level der psychischen Debakel angesiedelt, eben eine Anpassungsstörung, zu der man das Burnout bis heute zählt, weil es trotz der zunehmenden Erkrankungen immer noch keine eigene Klassifizierung hat.

Und dann, als meine Augen vom bläulichen Licht des Handydisplays schon gerötet waren und schmerzhaft juckten, las ich die entscheidenden Sätze: Hochsensibilität ist ein Persönlichkeitsmerkmal, keine Krankheit. Fast jeder Fünfte ist hochsensibel. Herzlichen Glückwunsch, Sie haben nur leicht einen an der Waffel – und ganz viele andere auch.

Bis zu meiner nächsten Therapiesitzung ließ mich der Gedanke an die Hochsensibilität nicht mehr los. Ich fragte mich, ob ich wirklich hochsensibel bin, und stellte mich selbstkritisch in Frage, nur, um doch immer wieder am gleichen Punkt anzukommen: Am Donnerstag ist der nächste Termin, bis dahin übst du dich in Geduld, dann kannst du mit dem Therapeuten reden und weitersehen. Geduld ist nicht meine große Stärke und doch, wie das schon im Kindesalter mit den Feiertagen, Ferien und Besuchen bei den Großeltern war: Das erwünschte Ereignis, es kommt tatsächlich näher und ist dann ganz plötzlich da. Kurz vor diesem «plötzlich da» werde ich für gewöhnlich noch einmal arg aufgeregt, meine Hände schwitzen, das Blut rauscht in den Ohren, ich werde fahrig und sehe keine Möglichkeit, mich auf etwas anderes zu konzentrieren. Als würde das ganze Leben auf dieses eine Ereignis zulaufen. Danach: Erst mal nicht viel, scheint doch alles von dem folgenden Moment abzuhängen. Bei «Frau Schwarzberg, Sie können dann jetzt reinkommen» kehrte jedoch schlagartig Ruhe im rappelnden Gehirnkarton ein. Da war er dann, der Hyperfokus, der mich nichts vergessen und selbst trotz gedanklicher Abschweifungen immer wieder den roten Faden finden lässt.

«Frau Schwarzberg, wie geht es Ihnen heute? Möchten Sie über etwas Bestimmtes reden?», fragte Herr B. und gab damit den Startschuss für meinen dann folgenden Monolog. Ich holte sehr, sehr weit aus, um meinem Therapeuten die ganze Tragweite meines heutigen Anliegens klarzumachen, damit er auch sicher all die Emotionen, die in mir tobten, nachvollziehen und mir bestmöglich weiterhelfen könnte. Gespannt und aufmerksam hörte Herr B. zu, während ich meine roten Fadenschleifen erzählte. Als ich eine Pause machte, sagte er: «Nun, darüber hatte ich auch bereits nachgedacht, ob das auf Sie zutreffen könnte. Wir können uns gern intensiver mit Ihrer Hochsensibilität befassen.» Das waren die erlösenden Worte, auf die ich in den Tagen zuvor gewartet hatte. Jetzt war es also offiziell, so offiziell es in einem bisher noch nicht ausreichend erforschten Gebiet sein konnte: Ich bin hochsensibel.

Mit dieser Neuigkeit im schwirrenden Gehirn rief ich noch vor der Praxistür meine Mutter an. Erst wenn ich ihr von diesem zentralen Ereignis erzählte, würde es sich real anfühlen. Außerdem kann ich in telefonischen Dialogen, so ungern und ausgewählt ich sie führe, meine Gedanken mit Hilfe der anderen Person sezieren, ohne dass diese merkt, dass ich noch andere Dinge nebenher tue und das als unhöflich interpretieren könnte. In diesem Moment war es rauchen. Damals habe ich noch geraucht, auch wenn man Hochsensiblen nachsagt, dass sie das eigentlich nicht gut vertragen. In meinem Fall stimmt das, deshalb rauchte ich sehr viel, um meinen konstant hohen Nikotinpegel zu halten und den körperlichen Entzug gar nicht erst fühlen zu müssen. Während des Telefonierens starrte ich rauchend und mit glasigen Augen auf den Fluss, der neben der Praxis von Herrn B. vorbeifloss – und sah das Wasser doch nicht an, weil mein Blick, so könnte man sagen, nach innen gerichtet war. Mein Gehirn und ich fuhren zusammen mit meiner Mutter im Beiwagen meine Vergangenheit nach Merkmalen für Hochsensibilität ab. Immer mehr Erinnerungen tauchten auf, immer mehr Erlebnisse ließen sich nun noch einmal anders deuten und ergaben erst jetzt richtig Sinn.

Und es ist meine Mutter, die mir ihre für mich ganz neuen Erinnerungen erzählt, die nun mit dem Wissen um die Hochsensibilität wieder aufkommen. Ein Kind, das im Kindergarten allein spielte, das stundenlang in seinem Zimmer war und mit Lego neue Welten erschuf, das sich mit fünf Jahren das Lesen selbst beibrachte und mit der Nase in den Büchern und in Bausteinen steckte, statt beim Spielen auf dem Bolzplatz mit anderen Kindern. Ein Kind, das in der ersten Klasse keine Freunde hatte und sich daran störte. Das nicht verstand, warum das so war. Meine Mama erinnert ein Kind, das immer etwas anders war als andere Kinder, das viel Sicherheit brauchte und mit seinem stark ausgeprägten Bedürfnis nach Alleinsein und Ruhe, viel Zuwendung und Vertrauen Überforderung bei seinen Mitmenschen auslösen konnte. Ein Kind, das ein Schreikind war, das nicht essen wollte, das schon seit der Geburt ein wenig mehr Zeit für sich und Rückzug brauchte, die man ihm aber einfach nicht immer geben konnte. Ein schwieriges Kind.

Mit den heutigen Erkenntnissen würden mich die, die um die Feinheiten der Psyche wissen, nicht als solches beschreiben, sondern vielmehr als hochsensibel. Doch als ich geboren wurde, war der Begriff noch nicht gefunden. Und so ließ meine Mama mich schreien, weil Schreikindern der Wille gebrochen werden soll, dann würden sie schon lernen, sich selbst zu beruhigen, und würden später umso besser schlafen können. Sonst würden sie einem nur auf der Nase herumtanzen, sagte ihr Umfeld. Meine Mama und ich weinten also fortan gemeinsam. Sie still im Schlafzimmer, ich laut im Kinderbett. Nur warum ich weinte, das wusste niemand so genau. Vielleicht sind es die vielen Reize gewesen, die ich in der Nacht angestrengt verarbeitete. Vielleicht war es ein Bedürfnis nach Sicherheit und Nähe. Doch meinen Bedürfnissen wurde nicht stattgegeben. Ich lernte früh, mich selbst und meine Gefühle hintanzustellen und mich den Gegebenheiten *anzupassen*. Und so ist es eigentlich nicht verwunderlich, dass ich mit 25 wegen eines Burnouts krankgeschrieben und nun in Therapie war – mit so viel Zeit, so wenig Ressourcen und mehr Fragen als Antworten.

Erst einmal ging ich nach Hause, um außerhalb des öffentlichen Raums atmen und denken zu können. Hier, wo alles Ordnung und Platz hat, wo es vertraut riecht und sogar im Dunkeln alle Lichtschalter gefunden werden.

Hochsensibel also. Meine Synapsen arbeiteten auf Hochtouren. Ich wurde ganz hektisch, fahrig, ein wenig überdreht und legte das Tempo meines bisherigen Lebens, mit dem ich ungebremst gegen die Wand gefahren bin, in meinen Denkprozess. Ich merkte, dass ich bald würde pausieren müssen, so sehr strengte mich das Denken an, aber ich konnte noch nicht aufhören, weil ich sofort alles verstehen, in Zusammenhang bringen, jede Erinnerung noch einmal auseinandernehmen und mit dieser neuen Prämisse wieder zusammensetzen wollte.

Das ist etwas, was ich gut kann: meine Gedanken zerlegen und einzeln betrachten. Sie auch mal wie einen Würfel, den ich hin und her drehe, mit dem Fuß wegkicken oder gegen die Wand werfen, nur um sie dann doch wieder zu meinen Füßen zu finden. Manchmal packe ich sie auch in das große Gedanken-Regal, wie ich es für mich nenne, damit ich später an derselben Gedankenstelle weitermachen und puzzeln kann. Dieses «Regalsystem» hat sich sehr bewährt, weil es Struktur und Ordnung in einem Kopf aus emotionalem Chaos schafft. Ich muss nicht alle Gedanken auf einmal denken, sondern nur den Hauptgedanken im Regallager behalten. Ausgeklügelte Logistik dort oben. Mein Mann, von Beruf Logistikmeister, wäre stolz auf mich.

Er ist es, der mich später zu Hause aus meinem Gedankenkarussell befreit. Ich berichte ihm von der Therapiestunde. Er hört genau zu, das macht er immer so, weil mir sonst oft nicht zu folgen ist, wenn ich in den Gedanken springe, quer laufe und in Sachen Sprechtempo Eminem Konkurrenz mache. Wenn er Fragen stellt und den Kopf in den Nacken legt, weiß ich, dass er aufmerksam ist und noch folgen kann. Wenn er seitlich guckt und nickt, hat er den Faden verloren, will mich aber nicht bremsen. Wahrscheinlich hofft er, irgendwann doch wieder folgen zu können. Immer aber versucht er zu verstehen, was für ihn fremd ist: Ein Gefühlsleben, das in ein Hochregallager passt. Es ist nicht so, dass er nicht empfindsam ist, aber anders als die Maria aus der 1. Klasse weiß ich heute, dass nicht jede*r nachvollziehen kann, was und wie ich fühle. Für mich war dieser Tag bedeutend: Auf einmal schienen viele Puzzleteile an die richtige Stelle zu fallen. Vor allem aber: Ich fühlte mich nicht mehr allein, wusste nun, dass es sich bei Hochsensibilität «nur» um eine persönliche Eigenart und keine psychische Krankheit handelt (die damit natürlich einhergehen kann). Dieses Wissen lässt eine lang gesuchte Erleichterung einsetzen: endlich nicht mehr der oder die einzig andere mit einem etwas abgedrehten Gehirn zu sein, sondern eine*r von durchschnittlich fünf.

WISSENSCHAFTLER*INNEN HABEN HERAUSGEFUNDEN, DASS ...

Ausgangspunkt für die Forschung der Psychologin Elaine Aron, der Pionierin auf dem Gebiet der Hochsensibilität, war ihre persönliche Betroffenheit: Aron unterzog sich 1987 einem operativen Eingriff, der sie nach ihren Angaben sehr mitnahm. Auf Anraten ihres Arztes begab sie sich in psychotherapeutische Behandlung, bei der jedoch keine krankhafte Auffälligkeit festgestellt werden konnte. Vielmehr nannte die Therapeutin Elaine Aron hochsensibel[1] – für Aron ein persönlich einschneidender Moment und gleichzeitig der Startpunkt, sich auch beruflich mit dem Thema auseinanderzusetzen.

Viele sensible Menschen erleben das ähnlich wie Aron: Sie haben das Gefühl, etwas stimme nicht mit ihnen, sie seien irgendwie «anders», scheinen nicht reinzupassen, ihre Grenzen sind viel zu schnell erreicht – gleichzeitig fühlen sie sich auch nicht so, als dass «Depression» als Diagnose zutreffen könnte. Aber vielleicht «bipolare Störung»? Besteht bei ihnen ein größeres Suchtpotenzial? Nein, irgendwie trifft es keiner dieser Begriffe, und gleichzeitig passen alle ein bisschen.

Spannender Durchbruch auf Forschungsebene: Elaine Aron konnte mit ihrer Zwillingsforschung belegen, dass es in manchen Familien eine signifikante Häufung von Hochsensibilität gibt.

Die Überempfindlichkeit, so wird es heute angenommen, ist durch erbliche und entwicklungspsychologische Faktoren beeinflusst.

Im Hinblick auf die genetischen Faktoren kann auf die Forschungsergebnisse des Primatenforschers Stephen Suomi zurückgegriffen werden: Er fand bei hochsensiblen Menschen eine genetische Variation, die zuerst bei Rhesusaffen festgestellt worden ist. Bei den Affen sorgten diese genetischen Veränderungen dafür, dass sie anfälliger für Stress waren. Sie wirkten niedergeschlagener und verhielten sich ängstlicher – und sie hatten, ähnlich depressiven Menschen, weniger Serotonin im Gehirn zur Verfügung. Serotonin wird an mehr als siebzig Stellen im Gehirn gebraucht, um Informationen weiterzuleiten; es gilt außerdem als Glückshormon.[2] Waren die Affen gestresst, sank der ohnehin niedrige Serotoninspiegel noch weiter.

Was Suomi außerdem herausfand – und damit sind wir bei den psychosozialen Faktoren: Wurden die Rhesusaffen mit dem Serotoninmangel von Müttern aufgezogen, die sie beschützten und ermutigten, bauten sie frühzeitig eine Resilienz gegenüber Stress auf und wurden sogar Führer ihrer Gruppen[3].

Auch für hochsensible Menschen ist ausschlaggebend, inwiefern die Bezugspersonen auf ihre Bedürfnisse eingehen, besonders im Kindesalter. Werden diese ignoriert, besteht nämlich in der Tat ein größeres Risiko, dass die Kinder zu Depressionen, Ängstlichkeit und Schüchternheit neigen als Kinder mit einer ähnlichen Sozialisation, die nicht hochsensibel sind. Jadzia Jagiellowicz, Doktorin auf dem Gebiet der Psychoedukation, plädiert deshalb zum Beispiel dafür, ein weinendes Kind nicht als «negativ» zu stigmatisieren, sondern es als sensitives Kind wahr- und anzunehmen.

Hochsensible Menschen hingegen, die eine positive, wertschätzende Kindheit erfahren haben, haben kein höheres Risiko, introvertiert, ängstlich oder gar depressiv zu werden.

Suomis Forschungsergebnisse unterstützen das: Die genetische Veränderung bei Hochsensiblen hat auch positive Auswirkungen, wie z. B. ein gesteigertes Erinnerungsvermögen von bereits Gelerntem oder eine schnellere Entscheidungsfindung.

Es gibt sogar Indikatoren dafür, dass Hochsensible gesünder und glücklicher als Menschen ohne das Merkmal sein können.[4] Die jüngsten Forschungsergebnisse von Jadzia Jagiellowicz, die seit über einem Jahrzehnt zum Thema Hochsensibilität forscht, zeigen zum Beispiel, dass hochsensible Menschen auf positive Reize stärker als auf negative reagieren.[5] Diese Erkenntnisse stimmen mit den Forschungsergebnissen der Neurowissenschaftlerin Bianca Acevedo von der University of California überein, die verlobten oder frisch verheirateten hochsensiblen und nicht hochsensiblen Menschen Bilder sowohl von Fremden als auch geliebten Menschen zeigte, die glückliche, traurige oder neutrale Gesichtsausdrücke zeigten. Bei Hochsensiblen fanden sich sowohl bei den ihnen Nahestehenden als auch bei Fremden erhöhte neuronale Aktivitäten in den relevanten Gehirnarealen für Aufmerksamkeit, Empathie und das Nachdenken über sich selbst und andere – besonders stark bei glücklichen Gesichtern ihrer Lieben.[6]

Das starke Empfinden negativer Gefühle, das viele hochsensible Menschen begleitet, lässt sich, so Elaine Aron, also eher damit begründen, dass viele Hochsensible nicht um ihre Überempfindlichkeit wissen, und deshalb noch nicht gelernt haben, achtsam mit sich umzugehen. Das wiederum führt zu erhöhtem Stress und möglichen psychischen Erkrankungen wie Depressionen.

WISSENSCHAFTLER*INNEN HABEN NICHT
HERAUSGEFUNDEN, DASS ...

Selbstverständlich gibt es auch kritische Stimmen zum Thema Hochsensibilität, die hier nicht unerwähnt bleiben sollen. Im Fokus der Kritiker*innen steht der Fakt, dass das Phänomen der Highly Sensitive Persons – auch heute noch – zu wenig erforscht ist. Seit Elaine Arons ersten Veröffentlichungen in den 1990er Jahren sind neue Forschungsergebnisse überschaubar. Das liegt meiner Ansicht nach auch daran, dass man für medizinische Forschung Geld braucht und Pharmakonzerne keinen geldwerten Vorteil aus der Erforschung von Hochsensibilität ziehen können. Forschungsgelder in Studien zu stecken, bei denen am Ende keine Pille herausspringt, mit der man die negativen Seiten der Hochsensibilität unterdrücken und natürlich Geld verdienen kann, ist für diese Institutionen wenig zielführend.

In den letzten Jahren gibt es allerdings gerade im europäischen Raum Forscher*innen wie die oben genannten Jadzia Jagiellowicz, Bianca Acevedo sowie Michael Pluers oder Francesca Leonetti, die an unterschiedlichen Studien zur Hochsensibilität gearbeitet haben und das Thema weiterverfolgen. Wohl auch weil in unserer Gesellschaft inzwischen offener über Hochsensibilität gesprochen und berichtet wird. Es sind nicht mehr wenige, die sich als überempfindlich ansehen, sondern viele, die die Scheu verloren haben, über ihre psychische Befindlichkeiten zu sprechen.

Das Interesse am Merkmal Hochsensibilität ist gestiegen, nicht zuletzt, weil es häufig ein Anker für all die ist, die in keine psychopathologische Diagnose passen und die sich trotzdem nicht innerhalb der gängigen gesellschaftlichen Normen im Alltag zurechtfinden. Wobei man an dieser Stelle fragen muss, ob in einer Welt, in der sich immer mehr Menschen als «zu sensibel» wahrnehmen, nicht die Menschen, sondern die Welt falsch ist.

Aufgrund der lückenhaften Forschungslage wird von Kritiker*innen häufig das Konzept überempfindlicher Menschen an sich in Frage gestellt. «Die Praxis ist hier viel weiter als die Forschung», sagt die Psychologin Sandra Konrad.[7] Dass einige Menschen sensibler sind, sehen auch kritische Wissenschaftler als gegeben an. Gezweifelt wird an der Kategorie Hochsensibilität und ob dieses geeignet ist, um die Unterschiede zu nicht höher sensiblen Menschen aufzuzeigen.

Ich bin keine Wissenschaftlerin. Ich bin Autorin, Podcasterin und im Selbstversuch gerade auch Verlegerin für Themen, die sonst eher individueller Scham und gesellschaftlichem Stigma unterliegen, und möchte als solche nicht die Fachkenntnisse anzweifeln. Das tue ich schließlich auch nicht, wenn ich mit einer Erkältung zum Arzt gehe und Medikamente gegen Halsweh, Husten und Schnupfen verschrieben bekomme. Ich kann lediglich meine Erfahrungen reflektieren und in Worte fassen. Und dazu gehört, dass viele Menschen – so wie auch ich – sensitiver agieren und reagieren und eine sensiblere Persönlichkeitsstruktur haben als andere. Dies ist bei weitem kein neues Phänomen, solche Menschen gab es schon immer – nur gibt es jetzt ein Wort dafür.

WARUM ICH LIEBER VON SENSIBILITÄT SPRECHE

Inzwischen spreche ich allerdings viel lieber von Sensibilität als von Hochsensibilität, weil dieses Wort mehr Menschen ein- und weniger Menschen ausschließt. Hochsensibilität erscheint mir gerade in der medialen Welt, in der sensitivere Menschen eher als auf Großveranstaltungen anzutreffen sind, häufig wie ein Club, zu dem nur ein sehr erlesener Kreis Zutritt erhält. Als Eintrittskarte gilt eine gewisse Anzahl von Merkmalen, Eigenschaften und Andersartigkeiten, die die Einordnung hochsensibel zulässt. Wer beim psychologischen (Kurz-)Test nur in den Graustufen der Sensibilität landet? Nun, Pech gehabt. Die/Der muss draußen bleiben. Das erscheint mir ziemlich unfair. Alle Sensiblen teilen das negative Gefühl, anders zu sein, was dazu führt, dass sie sich einsam und «falsch» fühlen. Mit dem Ausschluss von Menschen, die laut Testeinschätzung vielleicht nicht hoch-, sondern «nur» sehr sensibel sind, wird dieses negative Gefühl unterstützt, statt den einzelnen Menschen in all seinen Facetten anzunehmen.

Warum sich auf das konzentrieren, was Sensible unterscheidet, und nicht auf das, was sie eint? Eine der Urängste der Menschen ist die Angst vor sozialer Ablehnung. Schon in frühesten Zeiten, als Menschen noch in Stämmen gelebt und sich gemeinschaftlich um Jagd, Nachwuchs, Nahrung und Schutz gekümmert haben, kam es einem Todesurteil gleich, aus dem Stamm ausgeschlossen zu werden. Allein war es dem einzelnen Menschen nicht möglich, allen Aspekten des täglichen Lebens gerecht zu werden, sodass er/sie früher oder später mit dem Tod rechnen musste. Heute ist das natürlich nicht mehr so. Auch wenn der/die Einzelne sich von seiner/ihrer Familie, Clique, von Partner*innen oder Freund*innen trennt (oder umgekehrt), lebt er/sie weiter. Auch allein ist es möglich, sich zu versorgen und neue zwischenmenschliche Beziehungen einzugehen, neue familiäre und freundschaftliche Bande zu knüpfen. Dennoch ist diese Urangst vor Ablehnung und Ausschluss geblieben und bringt Menschen paradoxerweise dazu, das, was sie am meisten fürchten, bei anderen anzuwenden: Wenn ich entscheide, wer «dazu»gehört, kann ich selbst nicht ausgegrenzt werden.

Aber: Es existiert eben nicht nur Schwarz und Weiß. Der Satz: «Entweder ist man hochsensibel – oder man ist es nicht» zeugt meiner Meinung nach von wenig Empathie. Sensibilität gibt es in vielen Nuancen, Facetten und Ausprägungen, und jede einzelne hat ihre Berechtigung. Es gibt sensible Menschen, die viele der von Aron genannten Merkmale (Tiefe der Verarbeitung, Überstimulation, emotionale Reaktivität) an sich entdecken, und die, die sich in einigen der Punkte überhaupt nicht wiedererkennen. Es gibt die, die erst mit der Zeit diese Seite an sich bewusst wahrnehmen und zulassen können, und solche, die schon ein Leben lang darum wissen. Es gibt die, die offen und freiheraus emotional und leidenschaftlich sind, und die, die lieber für sich ihre Gefühle ausleben. Es gibt die, die sich wohl damit fühlen, und die, die es nicht tun. Die, die nie von ihrer Sensibilität sprechen, und die, die gar nicht aufhören können, sie zu thematisieren. Und dann gibt es auch noch diejenigen, die Hochsensibilität wie ein Schutzschild vor sich hertragen und dieses nutzen, um die Verantwortung für sich selbst auf andere abzuschieben, z. B. in Gesprächen mit dem/der Chef*in oder dem/der Partner*in, der/die angeblich nie den Befindlichkeiten der/des Hochsensiblen gerecht wird. Der Grad zwischen Selbstbestimmung und Bedürfnisbefriedigung auf der einen Seite und dem Von-sich-Weisen von Verantwortung und Suche nach Aufmerksamkeit auf der anderen kann schmal sein.

Ich versuche, das einmal mit einem Beispiel aus dem beruflichen Umfeld zu verdeutlichen: Mit der/dem Vorgesetzten über ein Einzelbüro zu sprechen, weil das laute Telefonieren, das Tippen und Atmen, Reden und Lachen, kurzum das Sein anderer Menschen eine*n an der Arbeit hindert und man deshalb für eine verbesserte Situation bei allen Beteiligten sorgen möchte, bevor es zu Arbeitskrafteinbußen und kollegialen Auseinandersetzungen kommt, ist selbstbestimmte Bedürfnisbefriedigung – auf diese Art und Weise vorgetragen, ist es sicherlich ein Wunsch, dem ich als Chefin versuchen würde nachzukommen. Mit der/dem Vorgesetzten über ein Einzelbüro zu sprechen, weil man hochsensibel ist und darauf der/die Chef*in und der/die Kolleg*innen gefälligst Rücksicht zu nehmen haben, ist verantwortungsloser Egoismus und das Heischen nach Aufmerksamkeit. Bei mir würde ein derart hervorgebrachtes Anliegen jedenfalls Ablehnung hervorrufen.

Ebenjene zweite Kategorie von Hochsensiblen ist auch für das häufig negative Bild verantwortlich, das viele von hochsensiblen Menschen haben: Hochsensible seien ständig beleidigte, lediglich im Mittelpunkt stehen wollende Sonderlinge, die sich selbst stets und ständig in ihrer Besonderheit herausstellen müssen und sich für etwas Besseres halten, auf das man Rücksicht zu nehmen habe. Kein Wunder, dass sie dann mit rollenden Augen bedacht werden.

Diese Menschen tragen dazu bei, dass andere Hochsensible, die sowieso schon unter einem gesellschaftlichen Stigma leiden, erst recht nicht ernst genommen werden. Damit erweisen sie dem Thema Sensibilität, das es in einer effizienzgetriebenen Gesellschaft des Spätkapitalismus ohnehin nicht leichthat, weil sensible Menschen als weniger effektiv und/oder erfolgreich angesehen werden, einen Bärendienst.

Sollten einige dieser Nutznießer*innen bis hierhin gelesen haben, werden sie vielleicht wütend auf mich sein, mir vielleicht sogar eine Nachricht zukommen lassen wollen, weil sie das Buch für Schund halten und es ihrer Ansicht nach zu wenig Verständnis für Sensibilität einfordert. Bitte, schreibt mir nicht. Wir müssen nicht alle der gleichen Meinung sein. Meine sieht so aus: Wer keine Verantwortung für sich, das eigene Handeln und damit sein Leben übernehmen möchte, wird sich in diesem Buch nicht wiederfinden – aber höchstwahrscheinlich auch kein zufriedeneres Leben führen können.

DIESES BUCH IST NICHT DER NÄCHSTE COACHING-RATGEBER

Ich möchte Menschen, die nicht bereit sind, die Konsequenzen ihres Handelns zu tragen, nicht an die Hand nehmen und sie darauf hinweisen müssen. Das war einer der Gründe, warum ich mich entschloss, nicht mehr als Coach zu arbeiten. Meine Ausbildung zum Coach hatte ich 2017 begonnen und erste Klient*innen in Workshops und Einzelstunden auf dem Weg zu einem positiven Umgang mit der eigenen Hochsensibilität begleitet. Dann habe ich gemerkt, dass mich diese Form der Unterstützung anderer sehr fordert, weil ich mich weit außerhalb meiner introvertierten Komfortzone bewegen muss und damit über meine Ressourcen gehe.

Ein weiterer Grund war: Ich wollte keinesfalls zu der immer größer und unseriöser werdenden Coaching-Szene gezählt werden, die Versprechen macht, die sie nicht halten kann.

Coach als Berufsbezeichnung ist rechtlich nicht geschützt. Es gibt eine Definition des Berufes, aber keine verbindliche Ausbildungsverordnung oder -grundlage. Der *Deutsche Verband für Coaches und Trainer* definiert Coaching als «auf die Entwicklung individueller Lösungskompetenz beim Klienten [ansetzend]. Der Klient bestimmt das Ziel des Coachings. Der Coach verantwortet den Prozess, bei dem der Klient neue Erkenntnisse gewinnt und

Handlungsalternativen entwickelt. Dabei wird dem Klienten die Wechselwirkung seines Handelns in und mit seinem Umfeld deutlich. Coaching ist als strukturierter Dialog zeitlich begrenzt und auf die Ziele und Bedürfnisse des Klienten zugeschnitten. Der Erfolg von Coaching ist messbar und prüfbar, da zu Beginn des Prozesses gemeinsam die Kriterien der Zielerreichung festgelegt werden.»[8] Doch schon Dorschs *Lexikon der Psychologie* vermerkt unter dem Begriff Coaching, dass die wissenschaftlich fundierte Evaluation noch in den Anfängen stecke, da «viele Studien methodisch mangelhaft und wenig theoretisch abgesichert» seien.[9]

Laut *Deutschem Verband für Coaches und Trainer* muss ein Coach, um durch den Verband anerkannt zu werden, über fünf Kompetenzbereiche verfügen: persönliche, Handlungs-, fachlich-methodische, sozial-kommunikative und Feldkompetenz. Unter dem Punkt «fachlich-methodische Kompetenz» heißt es: «Ein Coach verfügt über Fähigkeiten, in der Bearbeitung von Veränderungsthemen des Klienten geistig und physisch selbstorganisiert zu handeln, d. h. er kann mit seinen fachlichen, methodischen und instrumentellen Kenntnissen, Fertigkeiten und Fähigkeiten kreativ Veränderung auslösen und begleiten.»[10] Was man nicht findet: Worte zur Ausbildung, durch die ein Coach an dieses fachlich-methodische Wissen gelangen soll.

Es gibt ein paar Regeln, an die man sich halten muss (aber wer kontrolliert das schon?), wie die, dass man Menschen mit diagnostizierten psychischen Erkrankungen nicht coachen darf, weil deren Behandlung nur Psychotherapeuten und Heilpraktikern für Psychotherapie vorbehalten ist. Ansonsten kann jede*r, der entscheidet, Coach sein zu wollen, schalten und walten, wie er/sie es für richtig hält.

Vor diesem Hintergrund ist es nicht verwunderlich, dass die

Anzahl der selbsternannten Coaches mit fragwürdigen Methoden und zweifelhafter Expertise zunimmt. Gerade im Internet finden man dieses Phänomen immer häufiger: Aus Podcasts, von Blogs, via YouTube-Videos und über diverse Social-Media-Accounts strahlen mich überglückliche und stets zufriedene «Expert*innen» an, die mir unbedingt den Weg zu einem ebensolchen glücklichen, tollen, Friede-Freude-Eierkuchen-Leben aufzeigen möchten, wie sie es vorgeben zu leben. Diese Coaches rechtfertigen ihr Handeln oft mit dem inneren Antrieb, doch nur helfen zu wollen – oft aber steht lediglich die eigene Selbstverwirklichung und Beweihräucherung im Vordergrund, und die Hilfe zur Selbsthilfe gerät ins Hintertreffen. Und natürlich spielen monetäre Interessen eine große Rolle: Ein Coaching kann schon mal mehrere tausend Euro kosten. Wer allerdings heute bucht, ist schon mit 399 Euro dabei! Für diesen Preis soll es einen Zugang zu einem Online-Programm geben, bei dem die besagten Expert*innen – manchmal – sogar live auftauchen.

Natürlich finde ich es wichtig, Menschen fair und ausreichend für ihre Arbeit zu bezahlen. Von Reichweite allein, von Dankesbriefen, Umarmungen und Lächeln kann kein Coach seine Miete und Krankenversicherung bezahlen. Warum aber sind die Preise einiger dieser Experten-Coaches so absurd hoch, dass die Hilfesuchenden jeden Cent mehrmals umdrehen müssen, um sich das Coaching leisten zu können? Auch wenn Rabatte auf den ersten Blick attraktiv wirken, sind sie es auf den zweiten Blick nicht: Denn die angebotenen Leistungen sind meist nicht exklusiv und auf die (wie vom *Deutschen Verband für Coaches und Trainer* vorgegeben) individuellen Ziele und Bedürfnisse zugeschnitten. Häufig handelt es sich lediglich um allgemeingültige Ratgeber-Weisheiten, die dort verbreitet werden, und die dann jede*r nach eigenem Vermögen für sein Leben adaptieren soll.

Ihre fragwürdige Preispolitik rechtfertigen viele dieser Coaches damit, dass die hohe Geldsumme den Coachees weh tue und deshalb das Coaching erfolgreicher sei: Die Menschen würden sich erst dann richtig anstrengen, sich und ihr Leben zu verändern. Das empfinde ich als ein ziemlich interessantes Argument, wenn man bedenkt, dass Therapien in Deutschland für Patient*innen nach Bewilligung der Krankenkasse kostenfrei zur Verfügung stehen (durch einen Mangel an Therapeuten zu wenig, aber immerhin). Ich jedenfalls habe meine Therapie, die ich nach meinem Burnout gemacht habe, nicht weniger geschätzt, weil sie umsonst war. Im Gegenteil: Ich bin zu jeder Stunde pünktlich, vorbereitet und erwartungsvoll erschienen und war voller Dank für diese Möglichkeit, mein Leben mit Hilfe eines ausgebildeten, objektiven Dritten wieder auf die Reihe bekommen zu können.

Zur eigenen Bereicherung werden also hochpreisige und verheißungsvolle Inhalte an Menschen verkauft, die sie sich manchmal gar nicht leisten können und denen es danach nicht messbar besser geht. So wie der jungen Frau, die ich vor kurzem traf und die mir von einer Coach erzählte, an deren Online-Programm sie teilgenommen hatte. Sie beteuerte, wie sehr ihr das Programm geholfen habe, allerdings habe sie auch Schulden, könne sich dringend benötigte Arbeitsmaterialien für ihren Job nicht leisten. Dennoch buchte sie ein weiteres Programm, in der Hoffnung, ihre immer noch bestehenden mentalen Blockaden lösen zu können. Herzlich willkommen im Verkaufstrichter!

Dass psychische Probleme nicht mit einem festen Zeitfenster gelöst werden können, ist mir völlig klar, aber ist es das auch den Klient*innen, die sich ihrer häufig schwerwiegenden Lebensthemen noch gar nicht bewusst sind? Wohl kaum.

Meist fragen diese unseriösen Coaches nicht nach psychischen

Vorerkrankungen und erteilen anhand weniger Einblicke in das Leben und die Persönlichkeitsstruktur ihrer Coachees weitreichende Ratschläge, obwohl sie nur wenige Minuten in einem Multi-Channel-Online-Video von diesem Menschen gesehen und gehört haben. Ob der zunächst einleuchtende Augenöffner nach längerer Zeit wirklich die ersehnten Änderungen herbeiführt oder sich aber wegen der Unkenntnis des Coaches über den/die Klient*in als eine platte Küchenweisheit herausstellt, dürfen die Teilnehmer*innen eines solchen Programms für sich selbst herausfinden. Trifft Option B ein, nun, dann hat der/die Teilnehmer*in doch immerhin Lebenserfahrung hinzugewonnen. Weil wir entweder wachsen oder lernen – scheitern ist per se nonexistent im Wortschatz der dubiosen Coaches. Ein interessantes Business-Model, das finanziell attraktiv ist, weil es den Kund*innen vielleicht besser-, aber nie gutgeht, sodass sie treuzahlende Kund*innen bleiben.

Nach meiner Erfahrung handelt es sich bei den angebotenen «Lösungen» dieser Coaches um die immergleichen Allgemeinplätze, die auf vielfältige Art und Weise wiederholt dargeboten und mundgerecht auf Tassen, Karten und T-Shirts gedruckt werden. Seit einigen Jahren gesellt sich ein spiritueller Überbau dazu, der aus anderen Religionen und Kulturen ungefragt – und häufig falsch – adaptiert wird. Diese Strömung wird New-Spirit-Bewegung (Neue Spirituelle Bewegung) genannt.

Herhalten für dieses unseriöse Operieren am offenen Hirn und Herzen von Menschen müssen vor allem Kulturen wie die indische, indonesische, hawaiianische, die für wortgewandte Weisheiten ausgeschlachtet werden. Das führt dann dazu, dass Klient*innen, die sich ernsthaft sorgen, verrückt zu sein, von den Anhängern dieser Methoden erklärt wird, sie sollen sich keine Sorgen machen, nicht sie, sondern alle anderen seien verrückt.

Halleluja. Kaum vorhandene oder nicht validierte Coaching-Methoden werden also mit spirituellen Ansätzen legitimiert.

Angezogen von den Versprechungen vom überglücklichen und stets zufriedenen Individuum werden vor allem Menschen, die psychisch instabil sind. Menschen, die auf jedwede Form von Hilfe hoffen, weil sie keine Unterstützung durch ihr privates Umfeld oder medizinisch-psychologischer Expertise bekommen. Sie stecken dann ihr meist ohnehin nicht im Überfluss vorhandenes Geld in abstruse Coaching-Programme, die ihnen neue Gedankenmuster servieren: Statt «Ich bin nicht genug» solle er/sie nun denken, dass er/sie mit einer Aufgabe geboren wurde, und es diese nur zu finden und zu erfüllen gelte. An dieser Stelle sei mir ein kurzer Aufschrei erlaubt: Was. Zur. Hölle!

Suggeriert wird also, dass man sich nur genügend anstrengen müsse, um das eigene Warum und Lebensziel zu finden und zu verwirklichen – man sei schließlich seines Glückes Schmied und die einzige Person, die das eigene Leben verändern könne.

Dem Appell an die Eigenverantwortlichkeit stimme ich bis zu einem gewissen Punkt zu: Auch ich fordere die Menschen auf, selbst Verantwortung für ihr Leben zu übernehmen. Aber: Diese Coaches, die ihre Follower*innen, Zuhörer*innen, Leser*innen und Fans diese neuen Glaubenssätze zurufen, lassen eines völlig außer Acht: dass es ein Privileg ist, Verantwortung übernehmen und damit die Möglichkeiten des Lebens nutzen zu können. Denn es gibt Menschen, die z. B. psychisch vorbelastet sind, aus sozial schwächeren Familien kommen, nur ein geringes Maß an Bildung genossen haben, nicht in der westlichen Welt geboren wurden, die wegen einer Behinderung andere Voraussetzungen für eine echte Verbesserung brauchen, die die «falsche» Haut- oder Haarfarbe haben, die weiblich sind, kurzum, die eben nicht die gleichen Chancen und Möglichkeiten haben wie privilegierte

Menschen, ihr Leben selbstbestimmt und eigenverantwortlich zu führen. Diesen Menschen wird dann von diesen Coaches erzählt, es läge (ausschließlich) an ihnen, und wenn sie nur ihre Einstellung änderten, dann ändere sich auch ihr Leben zum Besseren. Damit verlagern sie die Schuld für strukturelle Missstände, derer sich eigentlich die Politik und die Gesellschaft im Gesamten annehmen müsste, auf die Schultern des Individuums, dem suggeriert wird, es müsse nur hart genug arbeiten, dann könne es das gleiche Leben wie sein Guru, entschuldigt, Coach führen.

Ich habe vor einigen Jahren ein sehr interessantes Video aus den USA zum Thema Privilegien gesehen: Ein Football-Trainer lässt sein Team in Reihe an der Grundlinie stehen und die Spieler für Ja-Antworten einen Schritt nach vorn gehen, damit sie beim Wurftraining einen Vorteil haben: Hast du zwei Elternteile? Sind deine Eltern berufstätig? Bist du in den USA geboren? Hast du nie Gewalt erfahren? Musstest du nie Hunger leiden? Musstest du nie auf kriminelle Optionen zurückgreifen, um an Essen zu kommen?

Vorrangig weiße Spieler schreiten in diesem Video mit großen Schritten nach vorn und freuen sich über die bessere Ausgangsposition, die sie gleich beim Werfen haben werden. Zurück an der Grundlinie bleiben vor allem nichtweiße Männer, mit zunehmend verzweifeltem und resignierendem Blick, der auch besagt: Diese Situation ist mir nicht neu. Der Trainer beendet die Übung, indem er die nach vorn gegangenen Spieler auffordert, sich umzudrehen. Sie mögen sich den Vorsprung ansehen, den sie allein durch ihren privilegierten gesellschaftlichen Stand haben. Einen Stand, für den sie nichts geleistet haben, der durch einen Zufall entstanden ist, bei dem sie im richtigen Land zur richtigen Zeit in die richtigen Familien hineingeboren wurden. Und er weist sie darauf hin, dass sie sich dieser Privilegien immer bewusst sein mögen. Bei jedem Spiel, aber auch bei jeder Entscheidung und jedem Urteil, das sie in ihrem Leben zu fällen haben.

Ich möchte mit diesem Hinweis auf die Missstände in der Coaching-Szene keinesfalls seriös und umfassend ausgebildete Coaches angreifen, die ihren Beruf und die dahinterstehende Verantwortung ernst nehmen. Ich kritisiere vielmehr die stetig wachsende Masse selbsternannter und nach keinem Verband zertifizierten Coaches, die es billigend in Kauf nehmen, Menschen zu schädigen, und darüber hinaus die Berufsgruppe der Coaches in Verruf bringen. Hier müsste der Gesetzgeber dringend handeln. Für mich waren diese Missstände jedenfalls ein zentraler Grund, mich nicht weiter als Coach ausbilden zu lassen. Mit jeder Form der Werbung und des öffentlichen Auftretens für dieses Berufsfeld habe ich mich unwohl gefühlt. Gemeinsam mit dem beständigen Übertreten meiner eigenen sensiblen Grenzen also ein beruflicher Ausflug, den ich gern unternommen, aber noch lieber abgebrochen habe.

Deshalb ist es mir auch wichtig zu sagen, dass dieses Buch nicht der ultimative Ratgeber zum Thema Hochsensibilität ist, der umfassende Tipps oder fertige Lösungen präsentiert. Ich möchte den/die Leser*in keine allgemeinen Weisheiten auf sich selbst übertragen lassen, ohne die Hintergründe der/des Einzelnen zu kennen. Was ich als Autorin kann, ist, Menschen mit in (m)ein Gefühl zu nehmen und davon zu berichten, wie sich mein Weg aus der von meiner Sensibilität verursachten Melancholie gestaltet und angefühlt hat.

Ich möchte mit den folgenden Kapiteln, die Auszüge meines Lebens behandeln, sensiblen Menschen Mut machen, sich selbst wichtig zu nehmen, ihre Fühligkeit schätzen und nutzen zu lernen, anstatt sie als Schwäche anzusehen. Dabei ist mein Weg einer von unzähligen. Welcher für den/die jeweilige/n Leser*in der richtige ist, muss er/sie selbst herausfinden.

KAPITEL 2:

Gehirn

Zunächst möchte ich auf den Ort eingehen, an dem dieses neuronale Feuerwerk, das hochsensible Menschen beinahe täglich erleben, gezündet wird: das Gehirn. Das Gehirn ist Zentrum unseres geistigen Seins. Mit einem schlagenden Herzen und medizinischen Hilfsmitteln wären wir zwar physisch noch am Leben, aber wenn das Gehirn signifikant geschädigt ist oder gar nicht mehr funktioniert, können wir nicht mehr wirken. In diesem walnussförmigen Organ liegen alles Wissen, alle Erinnerungen und Emotionen. Dort schlummern Gedanken, die noch nicht einmal in unser Bewusstsein vorgedrungen sind, aber noch kommen werden, und so wächst mein Gehirn mit mir und über mich hinaus, ohne dabei real an Masse oder Raum zuzunehmen. Magie!

WIE DAS GEHIRN SENSIBEL MACHT

Das Gehirn von hochsensiblen Menschen, ich habe es im vorangegangenen Kapitel bereits erwähnt, funktioniert anders als das Gehirn von Menschen, die nicht das Merkmal der Hochsensibilität tragen. Im folgenden Kapitel werde ich der wissenschaftlichen Richtigkeit halber die Begrifflichkeit Hochsensibilität statt der mir gängigeren Sensibilität verwenden. Das hochsensible Gehirn verarbeitet anders, speichert anders. Das verändert, völlig klar, auch Denkprozesse und damit einhergehend persönliche Merkmale und Eigenschaften und daraus resultierend unsere Handlungen. Dennoch können wir nicht alle Hochsensiblen über einen Kamm scheren, denn so komplex unser Gehirn ist, so komplex ist auch die Vielfalt der Ausprägungen von Hochsensibilität. Aber im Kern haben wir dieses etwas andere Gehirn gemeinsam.

MIT DETAILREICHER WAHRNEHMUNG

Als Kind und bis in die Mittzwanziger hinein dachte ich, dass jeder Mensch die Welt so wahrnehmen müsste, wie ich es tue. Das begann schon im Kindergarten, besonders zeigte es sich aber in der Schule: Ich war ein recht introvertiertes Kind, und dennoch suchte ich Kontakt zu anderen Kindern. Ich wollte Freunde haben, mit denen ich Freude und Leid teilen konnte, und ich fand auch Kinder, mit denen ich befreundet sein wollte. Das Problem war allerdings, dass ich dieses Bedürfnis nicht *aussprach* und diesen Wunsch immer nur *in mir* hegte. Ich fühlte, dass ich diese Kinder mochte und mit ihnen befreundet sein wollte. Und deshalb dachte ich, sie müssten das auch fühlen. Sie müssten doch merken, dass ich mit ihnen befreundet sein will. Sie bemerkten es aber nicht und spielten weiter ohne mich. Meine Mutter fasste sich schließlich ein Herz und kam noch während meines ersten Schuljahres in die Schule, um mit der Lehrerin und den anderen Kindern zu sprechen. Ich habe mich etwas dafür geschämt, denn wer möchte schon, dass die eigene Mutter zur Schule kommt, weil man keine Freunde hat? Genau. Dennoch bin ich meiner Mutter sehr dankbar, dass sie diesen Weg auf sich genommen hat – leicht ist er ihr sicherlich nicht gefallen. Meine Mama versuchte also herauszufinden und zu verstehen, warum meine Mitschüler*innen nicht mit mir befreundet sein wollten. Die Antwort der Kinder war ziemlich einleuchtend: Wir kennen Maria einfach nicht.

Während ich als Kind diese Antwort noch nicht verstehen

konnte und mich selbst in Frage stellte, wie sensible Kinder häufig dazu neigen, die Schuld und Fehler bei sich zu suchen, zeigt diese Situation rückblickend vor allem eines auf: Menschen nehmen unterschiedlich und in verschiedener Intensität wahr. Ich nahm meine eigenen Gefühle und auch die der potenziellen Freunde wahr, für mich war es ganz deutlich, was ich wollte und signalisierte. Die anderen Kinder nahmen aber nur mein Verhalten wahr, aus dem sie schlossen, dass ich lieber auf der Alm mit Heidi als mit ihnen in der Stadt leben wollte. Ich spielte allein und abseits, suchte bewusst die Ruhe, in der ich bevorzugt in Büchern, Puzzeln und Bausteinen versank, ich verträumte gemeinsame Ausflüge mit phantastischen Tagträumen und streifte durch das Pflanzenareal des Gartenbaubetriebs meiner Großeltern, bis meine Oma mich rief oder ich auf Opa und Kunden stieß. Heidi hatte wenigstens ihren Josef. Nicht so wie ich, die nur wegen ihres Namens ihr ganzes Leben nach ihm gefragt wurde.

Ich nehme, runtergebrochen, die Emotionen anderer Menschen wahr, selbst wenn sie sie nicht offensichtlich zeigen. Das liegt freilich nicht daran, dass ich Gedanken lesen kann. Ich bin ein bisschen wie Sherlock Holmes und teile seine Fähigkeiten, zwischenmenschliche Schwingungen wahrzunehmen, ohne mich dabei seiner Brillanz bedienen zu können. Diese Sherlock-Fähigkeit liegt in den anderen Gehirnprozessen begründet, die dazu führen, dass ich mehr erfasse und damit auch mehr von und über andere erfahre. Kleinste Veränderungen in Gestik, Mimik und Tonalität und anderen Signalen, die Menschen aussenden, nimmt dieses geniale Gehirn wahr und zieht Rückschlüsse. Diese Feinheiten bleiben für Menschen, die nicht hochsensibel sind, häufig unsichtbar.

Diese feinere und tiefere Wahrnehmung bemerke ich in vielen Lebenssituationen, vor allem aber im Kontakt mit Menschen.

Wenn mir jemand gegenübertritt, meine ich einschätzen zu können, ob es ihm oder ihr gut- oder schlechtgeht, ob er oder sie positive oder negative Absichten hat. Ich kann zumindest grob auf die Persönlichkeit des Menschen schließen. Mein Bauchgefühl ist meine persönliche Superpower. Natürlich ziehe ich auch falsche Rückschlüsse. Im Großen und Ganzen kann ich mich aber auf diese Intuition verlassen, auch wenn mir in diesen Momenten selbst nicht bewusst ist, an welchen Faktoren ich meine Wertung festgemacht habe. Also doch nicht ganz wie Sherlock.

Ich nehme nicht nur die Emotionen anderer Menschen sensibilisiert wahr, ich spüre auch meine eigenen, so würde ich einschätzen, über das durchschnittliche Maß hinaus. Seien es Emotionen angesichts bewegender und einmaliger Erlebnisse, wie der erste Kuss, die erste wirkliche Liebe, die erste Reise ins Ausland oder die Hochzeit, aber auch Gefühle, die in der Simplizität des Alltags aufkommen.

Weil Hochsensibilität in Vielfalt existiert, sind bei hochsensiblen Menschen verschiedene Sinneskanäle unterschiedlich stark ausgeprägt. Ich reagiere zum Beispiel stark auf auditive Reize, also Geräusche. Musik kann ich nicht hören, ohne dass sie meine Gefühlslage beeinflusst und verstärkt. Und ich liebe das sehr. Weil ich genau weiß, dass ich mich mit meiner Zuhause-Playlist wohl und entspannt fühle, mit Hilfe von Nils Frahm und Yoda in meinem Hyperfokus abtauchen und alles um mich herum vergessen kann, um produktiv zu sein. Ich sollte nur nicht zu lang auf die beiden hören, sonst wird es kritisch, weil ich während des zentrierten Fokussierens dann durchaus mal einzukaufen, zu trinken, zu essen oder zu schlafen vergesse.

Mit Musik kann ich meinen psychischen und damit auch meinen physischen Zustand hoch- oder runterfahren. Zum Laufen höre ich mir an, was mich fast wie von selbst vorwärts trägt. Wenn meine Lauflust nach ein paar Monaten wieder abnimmt, greife ich auf Hörbücher und Podcasts zurück, damit ich Abwechslung in die Geräuschkulisse bringe. Zum Einschlafen kann ich wiederum keine Musik hören: Ich finde dann nicht in den Schlaf, weil ich auf so viel gute Musik stoße, die ich noch nicht kannte.

Wie Menschen mit offenem Fenster schlafen können, ist mir ein Rätsel. Das ist die Kehrseite der sensibilisierten auditiven Wahrnehmung: Laute Geräusche, Lärm, egal in welcher Form, lassen nicht nur meinen Schlaf, auch meine Konzentration und meinen Fokus bei der Arbeit im Nichts verschwinden. In Cafés und Coworking-Spaces arbeite ich deshalb nur, wenn langweilige und monotone Aufgaben anstehen, ich mich mit Menschen austauschen mag oder mit guten Kopfhörern in meinem Fokus verschwinden kann.

Alles, was wirkliche Kreativität erfordert, kann ich an solch öffentlichen und stark frequentierten Orten bleibenlassen. Für die Erledigung solcher Aufgaben hilft es mir mehr, in der Natur zu sein. Oder unter der Dusche zu stehen. Die besten Ideen kommen mir für gewöhnlich dann, wenn ich gar nicht an sie gedacht habe. Mehrere Geräusche gleichzeitig, wie zum Beispiel bei einer Bahnfahrt, auf der Straße, beim Einkaufen, bei Großveranstaltungen reizüberfluten mich ziemlich schnell, sodass ich zuerst in ein regelrechtes High von Eindrücken komme, das ich zunächst durchaus als aufregend empfinde, das aber, wenn keine Phase der Ruhe folgt, zu einem unangenehmen Rauschen wird, ein kurzes Piepen und Aussetzen der Geräuschkulisse. Spätestens dann weiß ich, dass es Zeit wird für Stille und Reizarmut.

Die visuelle Reizverarbeitung ist bei mir ebenfalls stark ausgeprägt: Alles, was ich sehe, speichere ich ab. Ich habe kein fotografisches Gedächtnis (dafür, es zu bekommen, habe ich während der Schulzeit viele Stoßgebete gen Himmel geschickt, wenn Klausuren anstanden und ich das Lernen wieder bis zum letzten Tag aufgeschoben hatte), dennoch ist die Detailgenauigkeit meiner Erinnerungen sogar für mich manchmal erschreckend, weil sie so präzise vor meinem inneren Auge ablaufen, dass die Filme auch ins Kino kommen könnten. In der Klausur wusste ich zwar nicht immer alles, hätte aber stets beschreiben können, an welcher Stelle das abgefragte Wissen im Schulbuch steht und wie es gestaltet war.

Besonders mag ich die Detailgenauigkeit meiner Wahrnehmung. Ihretwegen liebe ich es, allein in Cafés zu sitzen und Menschen zu beobachten. Dort habe ich bei Kakao und einem großen Stück Kuchen ausreichend Zeit, all die Feinheiten zu erfassen. Sitze ich mit Freund*innen dort, muss ich mich zu sehr auf das Gespräch und die Menschen konzentrieren und kann die Aufmerksamkeit trotzdem nicht vom Drumherum lösen, sodass ich letztlich beides halb, aber nichts ganz wahrnehme.

Generell bleibe ich lieber länger an einem Ort, auch gern allein, um ihn vollständig erfassen zu können. Auf diese Art kann ich Orte, die ich zum Beispiel auf Reisen besucht habe, noch Monate und Jahre später detailgetreu in meinem Kopf abrufen. Wie ein Film in Slow Motion läuft die Erinnerung dann vor meinem inneren Augen ab.

Während ich mit der auditiven und visuellen Wahrnehmung in erster Linie positive Erfahrungen mache, sind Gerüche mein absoluter Graus. Ich freue mich mit allen, die ein Parfüm geschenkt bekommen haben und es deshalb gern und reichlich auftragen – mich stürzt ihr aber damit jedes Mal beinahe in den Migränetod. Generell sind alle synthetischen Gerüche für mich schlecht zu ertragen. Sei es der Geruch von Teer, wenn die Straße neu gemacht wird, oder der Geruch von Farbe und Lacken, von Stearin und Paraffin, aus dem Kerzen gemacht sind.

Zu meiner extremen Geruchsempfindlichkeit gegenüber Kerzen trägt aber wahrscheinlich auch meine berufliche Erfahrung als Kistenpackerin in einer Kerzenfabrik bei. Mein Gehirn war wohl selten so unterfordert und überreizt zugleich. Alles, was ich dort tat, war, die Kerzen, die in unterschiedlicher Geschwindigkeit auf einem Band an mir vorbei transportiert wurden, zu nehmen und in Kisten zu packen. Die Kisten wurden dann auf eine Palette gepackt. Ende der Aufgabe.

Ich versuchte es während der acht Stunden mit Radiohören, um mir die Zeit zu vertreiben, aber leider werden die Nachrichten alle halbe Stunde gebracht und machen nur noch deutlicher, wie viel Arbeit von der Arbeit noch übrig ist. Hörbücher, Sprachlernkurse und andere den Denkprozess fördernde auditive Anregungen, für die ich meine Kopfhörer gebraucht hätte, um sie über den Lärm der Halle hinweg zu verstehen, waren aber verboten.

Meine Haut kam mit der Luft in dieser Halle überhaupt nicht zurecht und benahm sich, als würde sie die Pubertät noch einmal durchleben wollen. Die wahre Rebellion aber startete meine Nase. Als ich einmal körperlich schon ziemlich angeschlagen war und den Vorarbeiter, einen Bekannten, um eine langsamere Anlage bat, damit ich die Nachtschicht überstehe, wollte dieser beweisen, dass er mich nicht bevorzugte, und er teilte mich der schnellsten Anlage zu. Die Kombination aus dem starken chemischen Geruch und der Erkältung hieß mein Kreislauf nicht gut, woraufhin ich mich erst übergab und dann einfach umfiel.

Chemische Gerüche, das war endgültig klar, vertrage ich nicht. Starke natürliche Gerüche lösen bei mir wiederum weder Kopfschmerzen noch Migräne aus. Kuhdung? Rauch? Fäulnis? Kein Problem.

Bei manchen sensiblen Menschen ist der haptische Sinn, also der Tastsinn, sehr stark ausgeprägt. Das bedeutet, sie nehmen ihre Umwelt sehr stark über das Anfassen und Erfühlen von Dingen wahr, stoßen dabei aber auch auf Reize, die unangenehm oder störend empfunden werden können. Bei mir löst die Haptik keine so starken Reize wie beispielsweise das Visuelle oder Auditive aus. Ich leide an Hyperhidrose, also dem vermehrten Schwitzen an Händen und Füßen, was durch Kontakt mit Polyester, Teppichen und ähnlichen künstlichen Fasern verstärkt wird, und ich habe Angst vor Spritzen und Skalpellen, also allem, was meine Haut durchtrennen könnte. Eine Pflasterallergie gegen Heftpflaster hat sich mit der Zeit entwickelt, aber abgesehen davon bin ich recht unempfindlich bei Berührungen von Dingen. Anders ist es bei den Berührungen von Menschen. Angefasst zu werden nehme ich, sofern es sich nicht um meinen Partner oder enge Familienmitglieder handelt, als unangenehm wahr. Händchenhalten und Kuscheln mit Freundinnen? Habe ich schon als Kind nicht verstanden oder als schön empfunden. Solchen, von mir als zu nah empfundenen Berührungen entziehe ich mich.

Der gustatorische Sinn, also der Geschmackssinn, ist übrigens bei den meisten hochsensiblen Menschen nicht über das normale Maß hinaus ausgeprägt. Zumindest ist mir bei meiner Arbeit und Recherche bisher noch niemand begegnet oder aufgefallen, der diesen in besonderem Maße nutzt oder sogar als störend empfindet.

TIEFERGEHENDE VERARBEITUNG

Nun haben wir einen wichtigen Aspekt der Hochsensibilität thematisiert: die detaillierte Wahrnehmung. Der zweite wichtige Unterschied ist die Art und Weise, wie diese Sinnesreize im Gehirn verarbeitet, abgespeichert oder wieder gelöscht werden. Bei hochsensiblen Menschen werden mehr Reize ungefiltert im Gehirn zur Bearbeitung eingereicht. Naheliegenderweise braucht es deshalb mehr Zeit, Energie und Ressourcen, um diese Reize zu verarbeiten, sie kategorisieren, einordnen und quer- und überdenken zu können. Dieser Umstand wird – gerade von Hochsensiblen, die nicht um ihr Merkmal wissen – häufig negativ bewertet.

Dabei ist es eigentlich ganz einfach: Wer A sagt, muss auch B sagen. Wer viel aufnimmt, hat eben auch mehr damit zu tun, das Aufgenommene zu verarbeiten.

Erst mit dem Wissen um meine Hochsensibilität lernte ich, meine Bedürfnisse zu beachten und auf sie einzugehen. Ich wusste nun, dass ich tatsächlich und nicht nur gefühlt anders war. Dass es physische Erklärungen dafür gab, warum ich mich öfter als andere nach Rückzug statt nach extrovertierter Unterhaltung sehnte. Mit dieser Erkenntnis konnte ich Frieden finden. Es fiel mir leichter, nicht mehr den Zielen und Idealen anderer nachzueifern, um dazuzugehören und anerkannt zu werden. So gelang es mir zum ersten Mal, eine Form von Verständnis und Liebe zu mir selbst zu entwickeln.

Heute nutze ich verschiedene Möglichkeiten, um meinem Gehirn die Ruhe zu geben, alle Eindrücke zu verarbeiten und alle Gefühle gedanklich durchleben zu können, ohne tatsächlich nach ihnen zu handeln. Besonders hilfreich ist dabei der folgende Gedanke: Keine Emotion bleibt für immer.

Nicht in Kategorien wie «immer» und «nie» zu denken, erleichtert das Sezieren der eigenen Gedanken immens. Und es lässt Hoffnung in Momenten mit negativen Gefühlen aufkommen, weil ich weiß, dass sie wieder gehen werden. Vielleicht in einer Minute, vielleicht in einem Tag und vielleicht auch erst in einem Jahr. Aber sie werden vergehen.

Diese Überlegung hilft mir, nicht jedes Gefühl und jeden Gedanken zu ernst zu nehmen. Ich höre meinem inneren Dialog zu, und wenn Denkmuster sich wiederholen, Emotionen länger oder regelmäßig anklopfen, dann prüfe ich sie.

Bei sehr vielen Dingen möchte mein Gehirn allerdings einfach nur verschiedene Möglichkeiten abwägen, unterschiedliche Lebensvorstellungen durchleben, um dann festzustellen, dass es gut ist, wie es gerade ist. Vor dem Wissen um meine Hochsensibilität bin ich all diesen Gedankengängen und Emotionen auch real gefolgt und habe mich selbst bei der Umsetzung der verschiedensten Optionen verloren, weil ich nicht überprüft habe, ob sie auch wirklich zu mir passen. Begeisterungsfähigkeit und Überanpassung haben mich in Rollen geführt, die eben genau das waren: Rollen. Manchmal tue ich das auch heute noch, aber eben gedanklich. Ich folge dem Gefühl und der Vorstellung, male mir aus, wie sich mein Leben verändern würde, wenn ich Umstände verändere, und überprüfe so, ob sich das mit meinen Bedürfnissen und generellen Lebensvorstellungen stimmig anfühlt – oder eben nicht. Das emotionale Aufwachen ist seitdem bei weitem nicht so hart, weil es nicht mein reales Leben ist, das ich gegen die Wand fahre, sondern nur ein Traum, der sich als schlecht erwiesen hat.

Ich nehme mir für diese Denkprozesse ganz bewusst Zeit allein. Ich versuche, mir diese Zeit nicht erst zu erlauben, wenn es eigentlich schon zu spät ist, ich vor Überlastung Kopfschmerzen habe und völlig erschöpft bin, sondern sie mir regelmäßig zu *nehmen*. Es ist eine aktive Entscheidung, für die ich andere Aktivitäten hintanstelle. Präventiv, sozusagen.

Ich weiß zum Beispiel genau, dass ich nicht mehr als zwei Abende nacheinander unter Menschen sein kann. Also baue ich immer mindestens einen Abend Pause zwischen Verabredungen ein. Bei der Familie ist das anders und entspannter, solcherlei Zusammenkünfte kann ich in kürzeren Abständen emotional verarbeiten. Meinen Mann kann ich an jedem Tag um mich haben. Er ist die einzige Ausnahme.

Auch während der Arbeitszeit versuche ich darauf zu achten, nicht mehr als zwei Meetings am Tag zu vereinbaren und definitiv nicht mehr als drei Termine in eine Woche zu setzen. Generell arbeite ich gern von zu Hause und in meinem Gemeinschaftsbüro, weil es gewohnte Arbeitsumfelder sind, in die ich mich nicht mehr einfinden muss. Ich weiß, dass ich an öffentlichen oder mir unbekannten Orten nur schwer Ruhe finde, um wirklich effektiv und produktiv arbeiten zu können, deshalb vermeide ich diese Orte, wenn solche Arbeit anliegt.

Diese Zeit für mich fülle ich auch gern mit Bewegung aus, weil sie das Ordnen meiner Gedanken erleichtert, zum Beispiel, indem ich spazieren gehe. Die Natur ist in dieser schnellen und unbeständigen Welt meine verlässliche Konstante. Auf Frühling folgt Sommer, folgt Herbst, folgt Winter. Veränderungen finden langsam statt. Ich jogge manchmal, wenn es im Kopf ganz wirr ist, um nur mit dieser einen, für mich meditativen Bewegung beschäftigt zu sein, während mein Kopf denken kann. Ich mache Yoga.

Manchmal hilft es mir aber auch, mich ganz und gar auszupowern. Dafür brauche ich Abwechslung statt des sonst ruhigen Trabs und verausgabe mich beim Schwimmen, Wandern, Klettern oder was sich sonst gerade anbietet und mein Interesse weckt. Die Abwechslung in meinem Kopf sorgt dann für Ruhe in meinem Kopf, wenn der gerade wieder völlig in Gedankenfahrten versunken ist, die kein Ende kennen und ein klares Stoppsignal brauchen. Gut ist auch, dass Bewegung beim Abbau von Stresshormonen hilft, und nicht nur die Physis, sondern auch die Psyche verändert. Bei sportlichen Aktivitäten wird dem Gehirn vermittelt, dass wir uns aufrecht bewegen, mehr Sauerstoff inhalieren und voller Energie sind. Ergo denkt das Gehirn, dass wir das auch mental sind, und verändert durch Hormone und Endorphine den Gemütszustand zum Positiven.

Was mir bei der Verarbeitung auch hilft, aber die Gefahr von neuer Überreizung mit sich bringt, sind Gespräche mit Freund*innen. Ich habe das Glück, wahnsinnig tolle und reflektierte Freund*innen an meiner Seite zu haben, die genau wie ich auf Verabredungen zu zweit stehen, bei denen wir uns austauschen können, anstatt uns bei Massenveranstaltungen in belanglosen Smalltalks zu verlieren. Ich genieße es sehr, mit ihnen über die Themen zu reden, die uns gerade beschäftigen. Auch wenn es anfangs ein Wust aus fast zusammenhangslosen Geschichten, Gedanken, Gefühlen ist, die da aus uns heraussprudeln, können wir sie am Ende meist sorgfältig in Reih und Glied aufstellen und gegenseitig und miteinander für Klarheit im Kopf sorgen.

Einen ähnlichen Effekt haben auch meine Selbstgespräche im Podcast, bei denen ich regelmäßig total überrascht bin, welches Wissen und welche Gedanken mein Gehirn während des Sprechens miteinander in Zusammenhang gebracht hat.

Je nach Stimmungslage und Bedürfnissen versuche ich mich an der Möglichkeit, die mir in den jeweiligen Momenten als die richtige erscheint. Oder diejenige, die mir gerade überhaupt einfällt, wenn mein Gehirn außer Rand und Band ist. Mal gelingt mir das besser und mal schlechter. In jedem Fall immer öfter gut genug.

Woran ich überhaupt merke, dass ich diese Zeit zum Runterfahren brauche, während ich noch denke, dass da eigentlich mehr geht, dass da noch so viel mehr an Lust und Motivation ist? Mein Gehirn brennt. Natürlich nicht im wörtlichen Sinne. Aber es fühlt sich so an. Ein stechender Schmerz beginnt im Inneren in der Schläfe und zieht sich bei Nichtbeachtung über die Stirn bis über die gesamte Kopfhaut hinweg kribbelnd in den Nacken. Blöderweise kann das bei mir auch in Migräne umschlagen, was ein Warnhinweis meines Körpers ist, den ich gern annehme. Wenn nicht, macht das Gehirn das selbst.

Aber es gibt auch andere körperliche Symptome, die mir meine psychischen Grenzen aufzeigen: Ich bekomme nach zu viel Kopfarbeit Kieferschmerzen, mein Kiefer knackt laut, weil er zuvor zu lang unter Anspannung gestanden hat. Mein Rücken kann ebenfalls ziemlich schmerzhaft gegen zu viel sitzende Tätigkeit protestieren, was mich dann zur Bewegung zwingt.

Ganz wild geht es dann meist auch in meinen Träumen zu, die bei zu viel An- und zu wenig Entspannung intensiver werden und mich mehr mitnehmen. Ich träume in solchen Phasen viel von dem, was in der Vergangenheit liegt, von sich wiederholenden unangenehmen Situationen, die wirr und durcheinander wirken. Hat mein Gehirn viel zu tun, findet es auch im Schlaf keine Ruhe, obwohl ebenjene Regeneration gerade für hochsensible Menschen wichtig ist, weil dort neue Energie entsteht, um wieder mit Freude in das Leben eintauchen zu können.

Wenn ich es akut übertrieben habe, neigt mein Herz zum Stolpern und ich zu Kurzatmigkeit. Das passiert meist, wenn ich meine Ressourcen mehr als ausgeschöpft habe – ein sicheres Zeichen, dass es an der Zeit ist, mir eine längere Auszeit zu nehmen. Als ehemalige Burnout-Patientin weiß ich, wohin das sonst führen könnte – und dennoch bin ich nicht davor gefeit, über die Stränge zu schlagen.

Die logische Schlussfolgerung aus detaillierter Wahrnehmung und tiefgehender Verarbeitung ist die Fähigkeit, selbst lang zurückliegende Erinnerungen abrufen zu können. Wie schon die Aufnahme von Reizen erfolgt die Wiedergabe auch über unsere Sinne: sehen, hören, riechen, schmecken, fühlen. Viele Menschen erinnern sich wie ich über die visuelle Komponente und sehen Bilder vor dem inneren Auge. Wenn ich mich an Dinge erinnere, wenn ich träume oder sich vergangene Erlebnisse auch tagsüber noch einmal in meine Gedanken reihen, dann sehe ich sie wie in einem Film vor mir, manchmal auch nur in Form von einzelnen Bildern; hin und wieder vereinen sich beide Elemente. Es ist ein wenig, als würde ich mir eigene Filme schneiden, in denen schnelle Bildwechsel erfolgen und besondere Momente, in denen das Bild beinahe einfriert, in Ruhe angesehen werden können. Ich sehe gerne Filme im Kino, aber die schönsten und auch die traurigsten laufen in meinem Kopf ab. Bis in meine Kindheit kann ich zurückspulen und mehr oder weniger schöne Erlebnisse abrufen. Manchmal, wenn ich das Gefühl habe, es würde mir guttun, in Erinnerungen zu stöbern und vielleicht alte wiederzuentdecken und neue Verknüpfungen zu ziehen, gehe ich auf Gedankenreise. Das mag sich für manche spleenig anhören, aber ich mache das meist ganz bewusst an Abenden, an denen ich nicht schlafen kann, weil mich etwas beschäftigt. Und dann gehe ich in meiner Vergangenheit zurück und überlege, wo es ähnliche Situationen in meinem Leben schon mal gegeben hat, wie es mir damit ging, was ich damals gefühlt habe. Nach einer Zeit übernimmt mein Gehirn dann meist selbst und fährt die Erlebnisse ab, bringt einige stärker hervor, spult bei anderen vor, weil sie heute nicht wichtig sind. Und tatsächlich ist das meist eine schöne Fahrt durch mein Leben, die hin und wieder auch schmerzt, aber nach der ich immer neue Erkenntnisse über Zusammenhänge von Gedanken und Handlungen gesehen habe.

Ein Bekannter von mir ist wiederum sehr auditiv veranlagt. Er erlebt Dinge nicht nur über das Gehör, er erinnert sie auch genau so. Dieser Freund träumt von Geräuschen, die dann wie eine Tonspur ablaufen. Er hört die Geräuschkulisse, die ihn einst umgab, wie das Klappern von Tellern, das Summen von Insekten, eine bestimmte Musik und Gesprächsverläufe. Als er mir das erste Mal davon erzählte, war ich erstaunt, weil mir mal wieder der Denkfehler unterlaufen war, dass das, was ich selbst tue, fühle, denke, auch jede*r andere tut, fühlt, denkt.

Jede*r auf seine Art hält so Erinnerungen fest, die durch einprägsame Erlebnisse entstanden sind. Momente, die positiv oder negativ von Bedeutung waren. Bei mir ist es so, dass ich gute und schlechte Erinnerungen nur schwer loslassen kann. Ich möchte sie, ähnlich wie beim Fotografieren, konservieren, jederzeit das Gefühl des Fühlens, der absoluten Lebendigkeit von längst vergangenen Situationen abrufen können.

Die Kehrseite der Medaille: Auch negative Erinnerungen bleiben haften, selbst nach Jahren kann ich wiederkehrend und so präsent von schlechten Erlebnissen träumen, dass es sich anfühlt, als wären sie gerade erst passiert. Mein Gehirn ist dabei so mächtig, dass es mir mit der Erinnerung auch die damaligen Gefühle beschert und mich aus den Träumen emotional aufgewühlt erwachen lässt. Dann muss ich mich erst einmal neu sortieren und kann meist erst im Laufe des Tages wieder in der Realität ankommen.

Dabei zeigen genau solche lebendigen und emotionalen Träume und auch bewusste Erinnerungen vor allem eins: wie wichtig und bedeutsam ein Lebensabschnitt, ein Mensch, eine Zeit gewesen ist und dass sie auch mit den Jahren nichts an Bedeutung verlieren. Es ist nichts, zu dem ich zurückmüsste oder -wollte, nichts, was jetzt von Wichtigkeit wäre, aber es einmal war.

Situationen und Gefühle zu erinnern – denn wir alle erinnern uns in erster Linie an das Gefühl, das jemand in uns ausgelöst hat, nicht an das Drumherum – ist okay. Die Menschen zu den Erinnerungen liebevoll gehen zu lassen, auch. Sie haben mich zu dem Menschen gemacht, den ich heute so wertschätzen kann. Und den sie oftmals schon wertschätzen konnten, als ich selbst davon noch weit entfernt war.

KAPITEL 3:

Burnout

Die Folgen der im vorangegangenen Kapitel beschriebenen destruktiven Lebensweise sahen für mich dann so aus:

HÖHER, SCHNELLER UND WEITER
BIS ZUM BURNOUT

Es ist der 4. Oktober 2015. Ich bin gestresst. So gestresst, dass es mir in meinem Wortschatz an Steigerungsmöglichkeiten mangelt. Dieser Tag zeigt mir meine Grenzen auf. Nicht dass ich ihnen nicht schon vorher begegnet wäre, doch an diesem Tag im Oktober sagte mein Körper: nope, niente, nada, aus. Es reicht.

Bis dahin hatte ich die Warnzeichen, die mir mein Körper sendete, nicht wahrnehmen wollen. «Ist doch nicht so schlimm», sagte ich mir, wenn ich wieder am Schlaf gespart hatte (sechs Stunden müssen reichen!), mittags weiterarbeitete, anstatt Pause zu machen, mir das Essen aus Zeit- und Diätgründen verbot oder nur schnell achtlos nebenbei etwas aß, während ich andere Dinge tat. Wenn ich vergaß, ausreichend Wasser zu trinken, mich nicht mehr erinnern konnte, wann ich meinem Körper zuletzt Bewegung und Frischluft gewährt hatte. Oder Ruhe, einfach nur ausreichend Ruhe. Denn: Wenn ich erst [man setze ein beliebiges Ziel ein] erreicht habe, dann bin ich endlich glücklich. Oder?

«Also, ich mache noch das Studium fertig und dann diesen neuen Job, den muss ich bekommen, wirklich. Ich werde das auch schaffen, auf jeden Fall. Dann habe ich eben weniger Freizeit, aber ich weiß ja, wofür ich das mache. Das zahlt sich alles irgendwann aus. Ich ziehe das jetzt durch, und dann, ja dann ist mein Leben so, wie ich es möchte», zirkulierte es unablässig, unaufhaltsam und fast schon mich selbst nervend in meinem Kopf und rief mir selbst stets und ständig in Erinnerung, dass gut nicht gut genug ist, dass da noch mehr gehen müsse.

Ich schlief in dieser Zeit zwischen unglücklichem Job in der Behörde, glücklichem Nebenjob als Autorin, nebenberuflichem Studium und Hoffnung auf einen Teilzeitjob als Redakteurin zwischen vier und sechs Stunden pro Nacht, war morgens völlig übermüdet und verschlief häufig. In kürzester Zeit habe ich mich dann morgens fertig gemacht, bin zur Bahn gesprintet und schon mit schlechter Laune bei der Arbeit angekommen. Ich war wütend. Weil ich verschlafen hatte, weil ich laufen musste und verschwitzt war, weil die blöde Bahn zu früh oder zu spät abgefahren ist. Ich musste, weil ich spät angefangen hatte, länger bleiben. Und ich hasste den Job, in dem ich das tun musste. In der Mittagspause habe ich Texte geschrieben, Bilder bearbeitet und nebenbei schnell etwas gegessen. Hin und wieder war mein Essen tatsächlich auch gesund.

Nach der Arbeit, bei der ich nicht sein wollte, deren Kündigung ich aber trotzdem für undenkbar hielt, bin ich müde nach Hause gefahren, legte mich lustlos auf das Sofa vor den Fernseher. Irgendwann habe ich mich wieder aufgerafft, es war doch noch so viel zu tun! Texte für die Redaktion schreiben, redigieren, Bilder bearbeiten, Unimappen durcharbeiten, Hausarbeiten schreiben. Aufräumen, Putzen und Einkäufe mussten im alltäglichen Strudel aus «muss noch» und «hast du noch nicht» ebenfalls untergebracht werden. Ich war unter Dauerstrom, im Kopf immer bei dem nächsten To-do-Listen-Punkt, immer enttäuscht, weil ich nie *alles* schaffte. Also ging ich später schlafen als gewollt, um doch noch zumindest diese ein, zwei Sachen erledigen zu können. Am Wochenende schlief ich viel und arbeitete weiter an Texten und Hausarbeiten, ging nachts lang und hart feiern, schließlich gehörte das doch auch dazu, traf mich mit Freunden, obwohl ich eigentlich nur zur Ruhe kommen wollte, die ich aber nicht mehr fand. Denn: Ich musste doch noch so viel erledigen.

An einem Sonntagmorgen nach einer langen Partynacht konnte ich nicht mehr schlafen. Ich war in meinem Dauerstrom von Gedanken gefangen und konnte partout keinen Schlaf finden; wälzte mich mit geschlossenen Augen von links nach rechts. Ich fand das Leben in diesen Stunden tatsächlich so anstrengend, so zermürbend, ermüdend, furchtbar, schlecht, aussichtslos, dass ich nie wieder aufstehen, nicht mehr weiterleben und lachen und atmen und weitermachen wollte. Ich schrieb Nachrichten genau diesen Inhalts und schickte eine hinterher, in der ich richtigstellte, dass ich es nicht so meine, drehte mich um, starrte aus dem Fenster auf den Baum, griff zum Handy und schrieb noch mehr Nachrichten, dass ich es immer noch nicht so meinte. Irgendwann nickte ich für eine Stunde ein, schleppte mich dann am Nachmittag aufs Sofa und brach weinend zusammen. Es folgten Stunden voller Tränen, Reue und dem erstmaligen Eingeständnis mir selbst gegenüber, wie unglücklich ich bin, wie verloren und suchend. Auch meinem Mann gegenüber war ich zum ersten Mal in dieser Hinsicht wirklich ehrlich. Er beschloss, dass ich am Montag zum Arzt statt zur Arbeit gehen sollte. Ich konnte das längst nicht mehr für mich entscheiden, hatte die Fähigkeit zur realistischen Einschätzung der Situation verloren. «Ja, aber vielleicht geht es ja morgen früh wieder», sagte ich. Er blieb bei seinem Nein und zwang mich, noch am Nachmittag meinen Chefs Nachrichten mit meiner

Krankmeldung zu hinterlassen, damit ich aufhörte darüber nachzudenken, ob ich nicht vielleicht doch Montag zur Arbeit gehe. Ich schlief, wenn auch schlecht, an diesem Sonntagabend und ging morgens zum Arzt.

«Ach Frau Schwarzberg, lang nicht gesehen. Wie geht es Ihnen denn?» Diese offene und im Prinzip neutral formulierte Frage führte zu einen kaum zu stoppenden Tränenozean. Mein Hausarzt schrieb mich kurzerhand für diese Woche krank und bat mich, am nächsten Montag wieder zu ihm zu kommen. Ich fuhr noch am gleichen Tag mit dem Zug nach Hause zu meiner Familie, um mich ein paar Tage dort auszuruhen. In dieser Woche aß ich zum ersten Mal seit Monaten drei geregelte Mahlzeiten am Tag, ich schlief täglich mindestens 15 Stunden am Stück – und brach tagsüber immer wieder weinend zusammen. Ich hatte Panikattacken, weil mein Körper nicht mehr mir zu gehören schien, weil er einfach nicht mehr funktionierte. Ein Körper, der bisher 150 Prozent Leistung erbracht hatte und plötzlich nach einem simplen Essen vor Erschöpfung einschläft, der macht Angst. Richtig viel Angst.

Ob er wieder funktionieren würde – irgendwann? Und wann würde dieses Irgendwann sein? Wie ginge es jetzt weiter? Was würde mit der Arbeit werden? Mit meinem Blog? Dem Studium? Wie lang würde es dauern, wieder gesund zu werden? Warum wurde es nicht besser, ich ruhte mich doch jetzt aus? Wieso war ich zu nichts mehr in der Lage? Würde sich jetzt alles verändern? Wie würde es sich ändern? Kann ich eigentlich loslassen? Ich möchte bitte einfach nur, dass alles wieder gut ist, so wie vorher.

In der darauffolgenden Woche ging ich wieder zum Hausarzt, der mich gleich für zwei weitere Wochen krankschrieb, mich nach meinen Gedanken und meinem Alltag fragte und mir riet, mich zügig in Therapie zu begeben. Auch ich merkte, dass es nicht wie zuvor weitergehen konnte – weder psychisch noch physisch. Ich merkte, dass nichts mehr ist, wie es mal war, auch wenn ich das weiterhin nicht wirklich wahrhaben wollte. Und ich realisierte, dass ich es auch mit Willenskraft allein, so wie sonst, nicht mehr schaffen würde, mich aus dem Tief zu befreien. Mein Gehirn brauchte noch Zeit, um Ist und Soll abzugleichen. Mein Körper war schon nach einer halben Stunde Spazierengehen sehr, sehr müde. Ich konnte mich nicht länger als ein paar Minuten konzentrieren. Es fiel mir schwer, regelmäßig und ausreichend zu essen und zu trinken. Es fiel mir schwer zu duschen, es fiel mir sogar schwer zu atmen.

Und ich hatte zum ersten Mal seit langem einfach Zeit für mich. Mein Kopf war ein einziges Gedankenkarussell aus Vorwürfen, Plänen, Reue, aus hätte, wäre, wenn, aus To-do-Listen, wollen und möchten, ganz viel aber – und so was von ruhelos. Ich hatte kein Bauchgefühl mehr, kein Gespür mehr für das, was ich mag und möchte, konnte mich nicht mehr an mir selbst orientieren. Da war nichts mehr außer einem Strom von Gedanken, der unermüdlich durch meinen Kopf zog und der mir in den Stunden, in denen ich nicht schlief, den allerletzten Nerv raubte. Ich hatte das Gefühl, wirklich irre zu werden, endgültig auf der gefürchteten Stelle zu treten und nicht weiterzukommen. Und ich hatte wirklich Angst, dass das für immer so bleibt. Ich war verzweifelt und getrieben.

Also schrieb ich in der zweiten Woche meiner Krankschreibung E-Mails an vier Psychotherapeuten, über die ich mich informiert hatte. Ich hatte, natürlich, gegoogelt, mir Websites, Lebensläufe, Schwerpunkte angesehen und mich dann für die entschieden, die ich für passend hielt. Ich traute mich nicht, bei ihnen anzurufen. Ich hatte Angst davor, wieder weinen zu müssen, davor, nicht ernst genommen zu werden, oder dass es erst in ferner Zukunft freie Termine geben würde. Ich ahnte nach den letzten Wochen, in denen ich die Belastbarkeit einer Bleistiftmine an den Tag gelegt hatte, dass mir die Kraft gefehlt hätte, das abzufangen.

Noch am selben Nachmittag antworteten alle vier und luden mich am nächsten und übernächsten Tag zu einem ersten Gespräch ein. (Ich danke an dieser Stelle der verpflichtenden privaten Krankenversicherung und meinem Beamtenstatus, den ich damals noch hatte.)

Der erste Termin war an einem Donnerstag, 10 Uhr. Ich war aufgeregt und müde, aber pünktlich. Als die Tür zur Psychotherapeutenpraxis aufging und der Patient mit dem Termin vor mir den Raum verließ, sah ich ihn an und dachte: «Aha, der macht also eine Psychotherapie. Was er wohl hat? So sieht man also aus, wenn man etwas durchgedreht ist. Eigentlich ganz normal.»

Im nächsten Moment tat mir dieser Gedanke schon leid, denn schließlich saß er genau wie ich hier, um sich helfen zu lassen. Herr B., der Psychotherapeut, begrüßte mich freundlich, schüttelte mir die Hand und bot mir einen Platz an in dem clean und trotzdem gemütlich wirkenden Zimmer mit Blick auf Hamburgs vermögenderen Stadtteil Eppendorf. Es sah gar nicht so aus, wie ich mir einen Therapieraum vorgestellt hatte: Es gab jedenfalls schon mal kein Sofa. Dafür drei Stühle, unter denen ich wählen konnte. Ob er an meiner Wahl schon erkennt, dass etwas nicht stimmt und was? Ist das eine Art erster Test?

«Frau Schwarzberg, warum sind Sie hier? Erzählen Sie mir, wie es Ihnen geht!», forderte er mich auf, und es folgte erst einmal: Schweigen.

Nach einer Weile brachte ich hervor: «Ja, also, ich weiß es nicht ganz genau. Aber ich kann seit eineinhalb Wochen nicht arbeiten, ich bin krankgeschrieben und schlafe nur noch, bin total erschöpft und kann nicht essen. Ich kann nicht mehr abschalten und … » Dann fing ich an zu weinen und hörte bis kurz vor Ende des Termins auch nicht mehr damit auf. Der Klassiker bei den ersten Therapiesitzungen, wie ich im Nachhinein erfuhr.

Diese erste gemeinsame Stunde, das Erstgespräch, wie es heißt, dient dem gegenseitigen Kennenlernen und Herausfinden, ob Therapeut*in und Klient*in auf einer Wellenlänge sind. Ob ich mir also vorstellen kann, dem guten Mann alles zu sagen, und er, ob er denn auch alles hören will und meint, mir helfen zu können. Herr B. und ich waren uns nach dem Erstgespräch einig, dass das der Fall ist, vereinbarten weitere Termine und reichten alle notwendigen Unterlagen bei der Krankenkasse ein. Nach den ersten fünf Sitzungen bescheinigten sie mir offiziell, dass ich eine Therapie brauchte. Die Diagnose lautete: Burnout. Ein Burnout, so steht es in Dorschs *Lexikon der Psychologie*, ist keine eigenständig anerkannte Krankheit, sondern ein Oberbegriff für vielfältige Typen persönlicher Krisen, die mit eher unauffälligen Frühsymptomen beginnen und mit völliger Arbeitsunfähigkeit und Schlimmerem enden können.[11] Nach der ICD-Klassifizierung, also der internationalen statistischen Klassifikation von Krankheiten und verwandten Gesundheitsproblemen, ist ein Burnout eine Zusatzdiagnose, wie zum Beispiel in meinem Fall zusammenhängend mit der Anpassungsstörung. Man könnte auch von einer erschöpfungsbedingten Depression sprechen. Die endgültige Diagnose kann nur von einem qualifizierten Mediziner gestellt werden.

Ich hatte es nie schlimm oder irgendwie komisch gefunden, wenn andere Menschen mir von ihren psychischen Erkrankungen erzählt hatten. Für mich war es seit ich denken kann so, dass

Menschen eben krank werden können: der eine körperlich, mit Grippe, der nächste am Kopf, mit Depressionen. Trotzdem ist es etwas anderes, wenn man selbst plötzlich kopfkrank ist, ausfällt und sich schwach fühlt in einer Welt, die scheinbar voller Erfolgsmenschen ist. Alle scheinen wahnsinnig zielstrebig und konzentriert und energetisch unterwegs zu sein – nur man selbst steht irgendwie auf dem Schlauch.

Es ist in der Tat nicht leicht, mit sich selbst zufrieden zu sein. Gerade für Sensible. Gerade angesichts der ganzen «Beyoncés Tag hat auch nur 24 Stunden»-Tassen, hübsch drapiert in nach dem neuesten Trend bekleideten Schößen, auf aufgeräumten Arbeitstischen und neben nackten, selbstverständlich glatt rasierten Beinen; angesichts all der Zitatekarten, auf denen Aufforderungen wie «Travel as much as you can» und «Don't stop until you're proud» und andere selbstoptimierender Nonsens steht, der schon beim Lesen meine Schleusen für die Stresshormone des Mehr-Leistens aufgehen lässt; angesichts all dieser erfolgreichen Menschen mit den häufigen und ausgiebigen Reisen (nicht Urlaub! Urlaub machen ist 2006), den Kindern (Mehrzahl, auf Instagram gibt es keine Einzelkindeltern und wenn doch, wollen sie weitere Kinder), dem Haustier (aber dabei nicht vergessen: #adoptdontshop, nur gerettete Tiere sind gute Tiere), dem Superfood-gesunden, veganen, saisonal-regionalen Zero-Waste-Leben ohne Strohhalm; angesichts von Bekannten, die den schnellen Aufstieg in der Agentur propagieren, neben der 60-Stunden-Woche, die damit einhergeht, fleißig ihren Traumkörper zu stählen und an den Wochenenden exzessiv zu feiern.

Gefühlt jede*r von ihnen hält mir zumindest via Social Media oder im #reallife seine oder ihre Erfolge vor Augen. Auch dort geht es in den meisten Gesprächen um «mein Haus, mein Kind, mein Auto, mein Boot». Auch wenn diese Statussymbole in bestimmten Kreisen inzwischen von anderen abgelöst worden sind (Alter, Persönlichkeitsstruktur oder Wohnort spielen dabei sicherlich auch eine Rolle) – das Verhalten, die Botschaft dahinter sind dieselben: Seht her, wie perfekt und erfolgreich mein Leben ist; seht, mein wundervoller Trip nach Thailand, meine Selbstfindungsreise nach Bali, mein erfüllender Job, mein wohlgeratenes Kind, mein toughes Fitnessprogramm, meine nach Pinterest eingerichtete Wohnung.

Ich finde es schwierig, dass in vielen Profilen, Blogs, YouTube-Videos und Podcasts die negativen Seiten zu kurz kommen. In einer digitalen Welt, in der wir mittels öffentlicher Social-Media-Profile unsere perfekten Abbilder erschaffen, werden Erfolge und Momente mit «Seht her!»-Charakter geteilt, aber nur selten das schmerzhafte Scheitern, bei dem das private, berufliche oder völlig fremde Umfeld denken könnte, dass da etwas schieflaufen könnte in unserem Leben. Oder dass es gar nicht läuft. Ich möchte aber auch über das schreiben, was nicht schön ist.

Mich erschreckt dieser imaginäre Penis-Vergleich zwischen Menschen. Dieser oberflächliche (digitale) Avatar, mit dem ich es bei den meisten Menschen zu tun habe, strengt mich wahnsinnig an. «Siehst du das? Siehst du das auch wirklich, was ich alles schon erreicht habe? Keine Makel, nur Erfolge auf der weißen Weste», schreit es mir online entgegen.

Einseitig schön ist die Social-Media-Welt, so schön wie in den Dankbarkeitstagebüchern, die zu führen gerade so en vogue ist. Darin notiert man auch nur das, was schön und gut und gelungen ist, was glücklich, gelassen und zufrieden macht. Der Zweck ist, das ist mir klar, den Fokus auf das Positive im Leben zu lenken, und das hat sicherlich auch seine Berechtigung. Aber es gibt eben nicht nur Positives im Leben. Es fehlt mir immer wieder der Blick auf das Ganze – und das meint auch den Blick auf Misserfolge, Scheitern, auf Beschämendes und Schmerzendes, all die Dinge, die zumindest ich meistens gern beiseiteschieben will. Obwohl auch in der Melancholie eine gewisse Schönheit liegt und eine Gelassenheit. Sie findet dann nur meist beim Musikhören, Bücherlesen und Weintrinken ihren Platz.

Es ist nun einmal so, dass selbst die vermeintlich besten Dinge auch negative Konsequenzen mit sich bringen können. Selbst der Umweltschutz, den sich alle aus sehr guten Gründen auf die Instagram-Profile und in die Firmenportfolios schreiben, fordert seinen Tribut: Gerade in dieser Branche gibt es häufig schlecht oder gar nicht bezahlte Arbeitsplätze, und idealistische Menschen, die sich für den guten Zweck verausgaben und ihre Ressourcen verbrennen. Damit möchte ich mich nicht gegen den Schutz der Umwelt aussprechen oder gar implizit sagen, man solle sein Engagement unterlassen. Was ich sagen will, ist: Selbst da, wo wir es nicht vermuten, können sich negative Konsequenzen verbergen oder Nebeneffekte, die wir nicht beabsichtigt oder gewünscht haben. Dessen sollte man sich bewusst sein, wenn wir das Gras auf allen Plattformen grüner als bei uns sehen – und dennoch tun wir meist das Gegenteil.

Denke ich zum Beispiel an Menschen aus meiner Vergangenheit, ja, selbst in der Gegenwart, verbinde ich mit ihnen vor allem Positives: eine erfüllende Beziehung, eine besondere Freundschaft, eine schöne Klassenfahrt oder das Weihnachtfest, das als Kind einfach nur toll war.

Aber war es nicht so, dass ich in dieser Beziehung regelmäßig darum kämpfen musste, Priorität eingeräumt zu bekommen? Dass diese Freundschaft mir schon länger das Gefühl gab, dass nur ich ihre Besonderheit sah? Dass auf der Klassenfahrt Schlafmangel und Rivalitäten mein Selbstbild gestört haben? Und dass diesem Weihnachten ein fader Beigeschmack von mehr Schein als Sein anhaftete? Alles beiseitegeschoben, verdrängt, in die letzte Ecke meiner Erinnerung verbannt.

Ich möchte das nicht mehr. Nicht im digitalen Leben und auch nicht im echten. Deshalb versuche ich, in diesem Buch in beide Bereiche meines Lebens Einblick zu gewähren: Burnout, Therapie, Beziehungskrisen, Jobzweifel, aber eben auch den Selbstfindungstrip nach Bali und andere, manchmal stereotype, positive Wendungen. Und bei all dem schwingt meine Sensibilität nicht nur mit, sondern ist auch Auslöser und Ursache dieser Entwicklungen.

Um ehrlich zu sein, fällt mir diese Gesamtsicht auf Instagram, in meinem Podcast oder in Artikeln, die ich schreibe, während meine Finger wie von selbst über das Papier rasen, leichter als in zwischenmenschlichen Beziehungen. Bis heute komme ich am besten mit mir selbst aus. Der Herausforderung, meine «schwachen» Momente auch in zwischenmenschlichen Beziehungen zu teilen, möchte ich mich trotzdem stellen.

Und das, ohne in Gefahr zu laufen, mich beim Blick auf das Negative selbst abzuurteilen oder die Meinung anderer zu wichtig zu nehmen. Ich würde wirklich gern meine Leistungsgrenzen früher erkennen, und wenn ich sie erkannt habe, dann nicht über sie hinweggehen. Auch nicht nur eine Zehenspitze, liebes Gewissen. Ich würde mich gern weniger selbst einschränken und damit aufhören, mir immer wieder selbst Verbote aufzuerlegen. Und vielleicht wird das einmal klappen – oder öfter. Und vielleicht auch nicht. Was ich aber will, ist das, was sich nicht gut anfühlt, eben genauso zu leben und zu zeigen wie das, was sich gut anfühlt.

Kurz nach meinem Zusammenbruch war ich jedoch weit davon entfernt, beide Seiten der Medaille zu sehen und anzunehmen. Es ging mir sehr schlecht, und alles, was ich wollte, war, dass es mir wieder sehr gut geht. Ich wollte glücklich sein, ich wollte keine schlechten Tage, keine Krisen und keine verdammte Unbeständigkeit mehr fühlen müssen. Denn selbst wenn ich alle digitalen Geräte auf stumm schalte, blieb noch eine Stimme aus dem Off: Bin ich gut genug? Reiche ich aus, um geliebt zu werden? Ist meine Sensibilität auch etwas Positives?

Rational kannte ich die Antwort: Ja, klar! Emotional bewegte ich mich eher am unteren Ende der sozialen Nahrungskette.

Aber was ist, wenn ich das alles auch selbst will, was mir da so in schönen Filterhäppchen gezeigt wird? Also, das was *ich* will *und* alles andere, was es sonst gibt? Wenn ich das nur noch nicht weiß? Wenn ich irgendwann sterbe und denke: Mist, eigentlich wollte ich noch nach Bangkok. Eben weil ich nicht alles gemacht habe, was dieser blaugrüne Erdball anzubieten hat? Diese Fragen waren mein Antrieb bis zum Burnout, und es wäre gelogen, würde ich sagen, dass es nicht Jahre darüber hinaus immer noch so war und selbst heute leider manchmal noch so ist. Viele mögliche Lebensentwürfe habe ich jongliert – und sie immer wieder fallen lassen. Angestrengt war ich dabei. Immer wieder bin ich gestürzt und habe mir Knie und vor allem den Kopf angestoßen. Auf jedem Boden der Realität stand: «Dann» ist übrigens schon längst da, du brauchst «Wenn» nicht mehr nachzulaufen.

Eigentlich stand das auch schon auf dem Metallschild in Fort Williams, Schottland. 154 Kilometer bin ich wenige Monate vor meinem Burnout auf dem West Highland Way, einem schottischen Fernwanderweg durch die Highlands, gewandert und habe dieses für mich immens weit entfernte und unbedingt zu bezwingende Ziel nie aus den Augen verloren. Ich wollte nicht wandern, ich wollte ankommen. Ich wollte unbedingt das Foto mit dem Schlussschild und der Siegerpose nach Hause bringen. Ich wollte die Strecke wie die richtig guten Wanderer in fünf Tagen schaffen. Ich wollte sie mit genug Schlafkomfort und umso mehr Gepäck auf ungeübten Schultern hinter mich bringen und dabei eine fröhliche Wandersfrau sein. Ich schaffte es schließlich in sieben Tagen, aber auch nur, weil ich mit schmerzendem Knie den Rucksack an einen Transportservice abgab, der diesen, die tägliche Wanderetappe vorausfahrend, am abendlichen Zeltplatz abgab. Und weil ich auf das Wandern mit neuen, lustigen Weggefährten verzichtete, die ich um ihre Gelassenheit bewunderte. Ich sah diese atemberaubende Landschaft – ich dachte wirklich nicht, dass Grün in so vielen Facetten existiert –, aber im Kopf hatte ich nur das saftige Ziel und wie es wäre, es zu erreichen. Wie glücklich ich dann sein würde! Allen könnte ich das dann erzählen und davon in den Sozialen Medien berichten, und alle würden bestimmt denken: «Woa, die ist das wirklich gelaufen! Hätte ich ja nicht gedacht. Voll cool, die Maria.»

Und so stand ich schließlich am Ziel, unter dem Schild, welches das Ende des West Highland Ways verkündet, und wartete auf imaginäres Feuerwerk, Sektkorken und das Gefühl von Glück. Aber sie kamen nicht. Es fühlte sich nicht nach dem erhofften Höhepunkt an. Im Gegenteil, war mein Glücksgefühl mit Erreichen des Ziels sogar schwächer geworden. Vor lauter Angst, «Dann» nicht zu erreichen, habe ich «Wenn» verschwendet. Und *wenn* ich damit weitergemacht hätte, *dann* wäre ich heute wohl immer noch nicht zufrieden.

ZURÜCK ZU EINER ANDEREN ARBEIT UND
EINEM ANDEREN ALLTAG

«Werde ich nächsten Montag wieder arbeiten können?», frage ich Herrn B. bei einer meiner nächsten Therapiestunden. Ruhig blickte er mich an und sagte sanft, aber bestimmt: «Nein, Frau Schwarzberg. Und auch den Montag danach nicht. Versuchen Sie, sich mit dem Gedanken anzufreunden, dass es dauern wird, bis Sie wieder in Ihren Arbeitsalltag zurückkehren können. Es wäre wirklich gut für Sie, wenn Sie sich jetzt Zeit für sich nehmen: für sich und Ihre Gesundheit.»

«Ja, aber meine Kollegen und die Arbeit und ... – ich kann sie doch nicht einfach im Stich lassen! Und was ist mit meiner Karriere?!», antwortete ich schockiert. Es war mir nicht möglich, mir vorzustellen und ernsthaft zu akzeptieren, dass ich, zumindest für eine Zeit, aus der Welt aussteige.

Von diesem Zeitpunkt an wurde ich im zweiwöchigen Rhythmus immer montags vom Hausarzt krankgeschrieben. Meine Vorgesetzte beruhigte mich, sagte, ich solle mir die Zeit nehmen und mich erst mal erholen, mich um mich kümmern und die Arbeit ausblenden. Die würde schon nicht weglaufen, meine Gesundheit würde vorgehen. Ich war erleichtert, dass sie so reagierte, und kämpfte trotzdem täglich mit einem schlechten Gewissen, weil ich nicht arbeiten ging, sondern zu Hause blieb. Und ich tat ja nicht einmal etwas! Außer zu schlafen und zu essen, Musik zu hören und Serien zu gucken, viel zu viel nachzudenken und zur Therapie zu gehen. Zweimal die Woche.

«Meinen Sie denn, dass ich bald wieder arbeiten gehen könnte?», fragte ich Herrn B. ein paar Wochen später erneut.

«Frau Schwarzberg, stellen Sie sich doch einmal vor, Sie gehen

Montag arbeiten. Gehen Sie in Gedanken den Tag einmal ganz konkret durch. Wie würde er ablaufen?», trug er mir auf. Solche rein gedanklichen Aufgaben mochte ich am wenigsten, denn beim Reden lässt sich alles viel besser vergessen. Trotzdem versuchte ich es, schwieg eine Weile und dachte nach.

Nach einigen Minuten antwortete ich: «Ich wüsste nicht einmal, ob ich vor lauter Müdigkeit aus dem Bett kommen würde, wenn ich ehrlich bin. Im Moment stehe ich meist erst am späten Vormittag auf, weil ich nicht einschlafen konnte und mein Körper immer noch mindestens zwölf Stunden Schlaf verlangt. Meine Niedergeschlagenheit und Traurigkeit lassen mich dann noch mindestens eine Stunde im Bett an die Decke gucken. Nach spätestens drei Stunden wäre ich bei der Arbeit wahrscheinlich so erschöpft, dass ich nach Hause gehen müsste. So ging es mir bisher zumindest immer, wenn ich versuche, mich auf etwas zu konzentrieren, wie zum Beispiel ein Buch, eine mehr als zwanzig Minuten lange Serie, ein Gespräch mit Freund*innen. Ich wäre meinen Kollegen wirklich so gar keine Hilfe.»

Herr B. nickte. «Richtig, Frau Schwarzberg. Auch wenn Sie arbeiten gehen möchten und Ihre Kollegen das sicherlich auch gern hätten: Sie können es einfach noch nicht. Es würde weder Ihnen noch den anderen helfen. Sie müssen erst einmal bei sich bleiben und gesund werden, dann können Sie wieder für andere da sein.»

Diese Denkübung löste einen Aha-Effekt bei mir aus, und ich beschloss zu versuchen, die Situation anzunehmen, wie sie ist. Es ließ sich nicht ändern, das hatte ich nun erkannt, und ich hatte mit der Therapie die Chance, vieles zu ändern und mein Leben in neue Bahnen zu lenken – noch so eine Erkenntnis, die eines Nachts von der dunklen Decke fiel. Ich fasste mir also ein Herz und gab bei der Arbeit bekannt, dass ich erst Ende Januar, also nach insgesamt fünf Monaten, wieder zurückkommen und mit der Wiedereingliederung beginnen würde. «Wiedereingliederung» bedeutet, dass man nach längeren (krankheitsbedingten) Ausfallzeiten zunächst nur für ein paar Stunden zur Arbeit kommt und die Arbeitszeit dann langsam aufstockt, bis man wieder voll einsteigen kann.

Ich versuchte in den nächsten Wochen, die Therapie fleißig voranzutreiben. Auf Leistung folgt schließlich etwas Gutes. Vielleicht braucht der Kopf manchmal einfach diese Zeit, Zeit, um alle Gedanken zu denken und zu Ende bringen zu können, neue Verknüpfungen zu schließen und Ist und Soll so oft abzugleichen, bis sie wieder im Einklang sind. Und offensichtlich hatte ich mir diese Zeit sehr, sehr lang nicht gegeben, sodass es dort oben einiges nachzuholen gab.

In der Therapie arbeitete ich nicht nur meine Vergangenheit auf, ich versuchte auch, alte Verhaltensmuster aufzubrechen und neue zu erlernen; zum Beispiel eine Sache nicht bis zur Erschöpfung zu tun, sondern vor meiner Leistungsgrenze, über die ich bis zu diesem Zeitpunkt immer einen Schritt hinaus gesetzt hatte, eine Pause zu machen. Einfach einen Tee aufzusetzen und ein Buch zu lesen und erst dann weiterzumachen. Ich musste das «Alte», also die bisherigen Verhaltensmuster, erst begreifen, ehe ich das «Neue», also einen anderen Umgang mit mir, umsetzen konnte – und das war nicht leicht. Es ist nicht leicht, sich ständig mit sich auseinanderzusetzen, seine Reaktionen, sein Verhalten, seine Gefühle zu hinterfragen und dann die Gedanken aber auch hin und wieder zum Schweigen zu bringen. Aber irgendwann, ganz plötzlich, veränderte sich etwas. Ich lag auf dem Sofa und las ein Buch, legte es nach einer Weile zur Seite und bemerkte, dass Ruhe in mir herrschte. Dass die Anspannung weg war. Ich suchte nach ihr und fragte mich, warum ich gerade so verhältnismäßig ausgeglichen war. Dann beschloss ich, genau diesen Zustand einfach hinzunehmen. Ohne zu hinterfragen, ob das denn gerade okay sei oder ob ich nicht etwas Wichtiges vergessen hätte, was ich eigentlich erledigen müsste. Ich hörte einfach auf, mich selbst ständig zu verurteilen und wurde etwas gnädiger mit mir: fünfzehn Stunden Schlaf und erst um zehn Uhr aufgestanden? Okay, brauche ich scheinbar gerade. Vergessen, ausreichend zu trinken? Passiert. Heute viel zu viele Serien gesehen? Egal. Mach ich es morgen besser. Vielleicht auch erst übermorgen oder den Tag darauf. Das ist ein unglaublich wichtiger Lernprozess für mich gewesen, der mir am Anfang gar nicht richtig bewusst war. Und es dauerte, bis ich nicht mehr so hart und streng mit mir selbst sprach und mir das Leben erlaubte.

Immer wieder fiel ich zurück in die alten Verhaltensmuster. Aber viel wichtiger, als das zu vermeiden, war es zu erkennen, *dass* ich in sie zurückfiel – denn nur so konnte ich sie durchbrechen. Ich habe eine Woche lang zu wenig frische Luft gehabt? Oh, okay. Dann gehe ich halt jetzt raus. Eins ist immer größer als null. Sich zu erlauben, intuitiv das zu tun, was gesund und gut für einen ist. Ich brauchte sehr viel Ruhe und Hilfe, um das wieder zu lernen. Und noch viel mehr Zeit. Jahre.

Es gab Zeiten, in denen es sich so anfühlte, als ob es niemals besser werden könnte. Die Zeiten waren dunkel. Dennoch sagte ich mir jeden Abend vor dem Einschlafen, dass morgen der Tag sein könnte, an dem es besser wird. Vielleicht. Vielleicht auch nicht. Aber er würde kommen. Und der Tag kam. Nicht als Tag, aber als einzelne Sekunden und Minuten, die sich stetig mehrten und irgendwann zu besseren und dann zu guten Zeiten wurden.

Mein Therapeut riet mir von Anfang an, zumindest Freunde und Verwandte einzuweihen, was meine Krankheit anging – auch weil ich mich verändern würde. Es wäre sonst schwer für sie, nachzuvollziehen, warum ich anders lebte als zuvor. Jetzt könne sich zeigen, wer ein wirklicher Freund sei. Er bereitete mich darauf vor, dass es Menschen gibt, die mit psychischen Erkrankungen nicht umgehen und abweisend reagieren könnten.

Eine Kollegin, mit der ich auch befreundet war, fragte mich zwei Monate nach meinem Zusammenbruch, wie es mir ginge. Als ich antwortete, dass es besser werde, ich aber erst im neuen Jahr wieder würde arbeiten können, schrieb sie zurück, dass sie nicht wisse, was sie sagen solle. Ich sei schon so lange weg, und meine Ansage bedeutete ja, dass ich noch viele weitere Wochen ausfallen würde. In ihr würden zwei Herzen schlagen, das der Kollegin und das der Freundin – aber letztlich machte sie mir Vorwürfe wegen der schlechten Personallage. Dieser Nachrichtenwechsel hing mir noch lang nach. Ich war traurig darüber, dass sie mir nicht beistand, gerade sie, die auch harte Zeiten im Leben durchgemacht hatte. Ich war wütend, dass sie mir Sachen anlasten wollte, für die nicht ich, sondern eine schlechte Personalpolitik verantwortlich war. Mit ihren Vorwürfen triggerte sie aber vor allem meine Angst, nicht genug zu leisten, um geliebt werden zu können, immens. Jetzt musste sich bewähren, ob mein neu erlerntes Verhaltensrepertoire auch im Kontakt mit der Außenwelt bestehen konnte. Es war nicht einfach, aber es hatte Bestand. Ich merkte, dass es okay ist. Es ist okay, «Nein» zu sagen, sich Vorwürfe nicht zu eigen zu machen, ein Gespräch zu beenden, eine Freundschaft in Frage zu stellen. Auch wenn es weh tut. Ich versuchte, die Dinge, die ich nicht ändern konnte, zu akzeptieren. Manchmal ist es einfach so, dass es Menschen gibt, die mich ein Stück meines Weges begleiten und dann eine andere Richtung einschlagen, weil die Unterschiede zwischen uns doch zu groß gewesen oder geworden sind. Und auch das ist okay. Weil jeder sich weiterentwickelt und versucht, glücklich zu sein.

Heute bin ich mit dieser Kollegin nicht mehr befreundet und wünsche ihr trotzdem aufrichtig alles Gute.

MEIN VERSPRECHEN AN MICH

Ich weiß nicht, ob ich die Burnoutgefahr für immer gebannt habe. Als ich meinen Therapeuten danach fragte, ob mir es wieder passieren könnte, ob ich wieder und vor allem jederzeit, so unberechenbar wie zuvor, mit einem Burnout zusammenbrechen könnte, erklärte er mir, wie wichtig es sei, die Ursachen und damit meinen Antrieb zu verstehen, um mein eigenes Handeln entsprechend zu verändern. Prinzipiell sei es so: Wer einmal vom Baum der Erkenntnis gegessen habe, mache diesen Fehler für gewöhnlich kein zweites Mal. Wie das Kind, das auf die heiße Herdplatte gefasst hat. Ich habe als Kind nicht auf die heiße Herdplatte gefasst, ich habe mich als Baby an der Backofen-Scheibe festgehalten. Die Backöfen Anfang der 1990er Jahre hatten nur leider noch keine hitzebeständigen Fenstereinlässe, weshalb die Haut meiner noch nicht einmal ein Jahr alten Hände direkt an der Glasscheibe kleben blieb.

An heiße Glasscheiben habe ich mich seitdem nicht wieder getraut. Auch einen weiteren Zusammenbruch gab es bisher nicht. Und wenn doch, hilft mir hoffentlich der folgende Selbstcheck – und die Telefonnummer meines Therapeuten.

Ich fühle mich emotional erschöpft, gestresst und angespannt? Möglicherweise schwach, kraftlos, müde, matt und neige mehr als gewöhnlich zu Reizbarkeit?

Ich entferne mich von mir selbst, indem mir die Arbeit gleichgültig wird, ich zynisch reagiere und meine Arbeit zu einer unpersönlichen Routine wird?

Ich fühle mich, als würde ich trotz aller Bestrebungen nichts oder wenig erreichen?

Nicht gut. Ich muss handeln. Und ich gebe mir das Versprechen: Auch wenn ich mich nicht in all diesen Punkten wiederfinde, sondern «nur» das Gefühl habe, nicht allein mit meiner aktuellen Lebenslage klarzukommen oder meine Probleme nicht allein bewältigen zu können: Ich suche mir Hilfe und/oder frage nach ihr und nehme sie dann auch an. Sei es in Form von menschlichem oder professionell-menschlichem Bestand. Weil es menschlich ist, nicht immer alles im Leben allein zu schaffen. Mir das einzugestehen, ist nicht schwach, sondern sehr, sehr stark. Ich bin nicht allein. Die Welt kann schon mal aus dem Ruder laufen. Gerade bei sensiblen Menschen wie mir, die weniger belastbar und dafür perfektionistisch und selbstkritisch veranlagt sind.

KAPITEL 4:

Leben 1.0

Ein Burnout passiert nicht einfach. Es ist nicht so, dass ein psychisch gesunder Mensch seinem Alltag und seiner Arbeit nachgeht und dann, hups, Burnout. Diese Form des Zusammenbruchs hat immer auch einen persönlichkeitsbedingten Anteil und damit Ursachen, die in der Person, der Prägung und Entwicklung eines Menschen liegen. Das soll nicht heißen, dass der / die Einzelne die Verantwortung für ihren Burnout trägt: Hätte er / sie es besser gewusst, sie hätten bestimmt gern anders gehandelt. Ein Zusammenspiel vieler Faktoren bedingt eben unterschiedliche Voraussetzungen fürs Leben. Manch eine*r ist belastbarer, selbstsicherer und vertrauensvoller mit dem Leben, andere hadern bereits beim Aufstehen mit ihren Gedanken. (Hoch-)sensible Menschen mit ihrem Willen, sich anzupassen, ihrer geringeren Belastbarkeit und schnelleren Erschöpfung durch die hohe Aufnahmerate sind anfälliger für eine solche Erkrankung, mag sie die Ausprägung einer erschöpfungsbedingten Depression oder Anpassungsstörung sein.

Die individuellen Ursachen, die mit diesen sensiblen Merkmalen einhergehen, sind dabei so verschieden wie die Menschen selbst. Es gibt nicht den einen Weg in einen Burnout und die generelle Prävention, die davor bewahrt. Wichtig ist, wie mir mein Therapeut riet, sich mit dem eigenen Leben auseinanderzusetzen, die Vergangenheit zu verstehen, gewisse Muster zu erkennen und an Strategien zu arbeiten, die im Erwachsenenleben bedeutend hilfreicher sind als die kindlich erlernten Nothilfeübungen. Achtsam mit sich zu sein, ist kein Garant für ein glückliches Leben, aber es hilft, zu verstehen. Warum mache ich immer die gleichen Fehler? Wieso führe ich die immer gleichen Freundschaften? Was will ich mit meinen Verhalten eigentlich bezwecken? In welchen Momenten bin ich glücklich? Wie gehe ich mit meinen sensiblen Bedürfnissen um? Das sind Fragen, die von Kindestagen an viel mehr Raum in unserem Alltag einnehmen sollten, um psychischen Erkrankungen vorzubeugen. Sie stigmatisiert in Kisten zu verpacken und zu hoffen, dass sie eine*n selbst nicht treffen, sich darüber lustig zu machen, um zu hoffen, dass sie eine*n dann verschonen, sind in jedem Fall nicht die richtigen Wege.

Meine sensible Persönlichkeitsstruktur zu missachten hat mich letztlich mit in den Burnout geführt. Ein für mich sehr anstrengender und schambesetzter Teil der Aufarbeitung des Burnouts ist die Auseinandersetzung mit meiner Begeisterungsfähigkeit – oder Sprunghaftigkeit, Wandelbarkeit, Unbeständigkeit oder wie auch immer man diese Charaktereigenschaft, mal mehr oder weniger positiv besetzt, nennen will. Sie war und ist zu großen Teilen Motivation in meinem Leben und bildet gleichzeitig, als Teil meiner Sensibilität, den roten Faden auf dem Weg zum Burnout.

MEINE BEGEISTERUNGSFÄHIGKEIT
UND IHRE KONSEQUENZEN

«Ich bin heute nicht mehr extrinsisch, sondern intrinsisch motiviert», würde ich gern sagen und muss dabei die Nase rümpfen und kurz auflachen. Denn: Das ist eine Lüge. Auch Jahre nach dem Burnout ist und bleibt ein Teil meiner Motivation von anderen bestimmt. Natürlich, wie auch sollte ich mich dem Dauerstrom an Eindrücken entziehen, wo ich durch die Sensibilität alle Details wahrnehme und wie ein Schwamm aufsauge und persönlichkeitsbedingt enorm begeisterungsfähig bin? Eben. Ich suche einerseits die Ruhe, um mein Gehirn im Zaum zu halten, und genieße andererseits die Reizüberflutung, mit der ich lerne und wachse. Man nennt das wohl auch Scanner-Persönlichkeit.

Meine Begeisterungsfähigkeit und meine Furchtlosigkeit, neue Dinge auszuprobieren, haben mich in die Selbständigkeit geführt. So viel Gutes möchte ich ihnen – neben meiner phantastischen Kreativität und dem bunten Leben, für die sie ebenfalls verantwortlich sind – zugestehen. Sie sind die Eigenschaften, dich mich von Kindestagen an neugierig und forschend haben sein lassen. Meine Introvertiertheit für solche Momente über Bord werfend, bin ich meiner Begeisterung stets nachgegangen.

Dabei entwickelt sie sich stets nach einem ähnlichen Schema: Ich empfinde Begeisterung für etwas Neues, die sich in Euphorie wandelt, von der ich nicht ablassen kann. Ich gehe dieser Euphorie obsessiv nach. Nichts anderes interessiert mich in solchen Zeiten, es sei denn, es steht mit meiner Obsession in Zusammenhang. Ich sauge über einen bestimmten Zeitraum so viel Wissen wie möglich zu dem Thema auf. Ich entwickle eine brennende Leidenschaft. Und wenn ich für mein Gefühl den Wissensstand erreicht habe, der mir sinnvoll und angemessen erscheint, wenn nichts Neues zu diesem Thema mehr aufkommt, das mich reizt, dann lasse ich es wieder los.

Vielseitig interessiert, wie ich bin, kann die Begeisterung, die ich eben noch empfunden habe, allerdings sehr schnell auch wieder verschwunden sein. Meine Interessenvielfalt bezieht sich auf unterschiedliche Lebensbereiche und wird von anderen oft als Wankelmütigkeit, Unschlüssigkeit gewertet, nach dem Motto: «Die weiß doch eh nicht, was sie will». Damit haben diese Menschen natürlich zu einem gewissen Teil recht. Es gab viele Momente in meinem Leben, in denen ich obsessiv einer bestimmten

Sache gefolgt bin, während ich heute eher innehalte und Pro und Contra überdenke, bevor ich ihr nachgehe und mich erst danach frage, ob aus der fixen eine beständige Idee werden kann.

Wie es mir mit meiner Begeisterungsfähigkeit geht, hängt davon ab, wie ich die Eigenschaft an sich werte (ich empfinde sie durchaus positiv) – aber noch viel mehr kommt es darauf an, wie ich mit ihr umgehe. Weil sie ein sensibles Persönlichkeitsmerkmal ist, das nicht nur mir, sondern auch anderen Menschen schaden kann, wenn ich unüberlegt jedem Impuls folgend agiere und das Thema oder eben auch Menschen genauso schnell wieder ad acta lege, wenn sie der ersten Begeisterung nicht standhalten. Mein Fokus liegt in solchen Momenten zu sehr bei mir, sodass ich Menschen mit zu wenig Aufmerksamkeit für deren Bedürfnisse und Gefühle verletze. Ich stoße ihnen vor den Kopf, weil sie sich abgeschrieben fühlen.

Werden fixe Ideen und kurzweilige Begeisterung mein Antrieb, fällt es mir in meinem Aktivismus schwer, zu unterscheiden, ob die Ziele in meinem Kopf noch wirklich meine sind, und die Wünsche, die mit ihnen einhergehen, tatsächlich meine Bedürfnisse und mich spiegeln.

Allzu oft stelle ich dann fest: Nein, da habe ich mich jetzt verrannt. Heute geschieht mir das glücklicherweise viel öfter nur gedanklich, was insgesamt weniger unangenehme Konsequenzen zur Folge hat. Denn die Rechtfertigung gegenüber anderen Menschen und mir selbst, warum ich wieder einer Vorstellung nachjagen, eine Idee ohne Rücksicht austesten musste, ist das, was ich an meiner Begeisterungsfähigkeit als negativ werte.

In der Vergangenheit ließ ich sowohl die Erklärung als auch das überlegte Handeln durchaus das ein oder andere Mal außer Acht und trug schmerzende Verletzungen davon, für die ich mir letztlich immer nur selbst die Schuld geben konnte.

Ein aufregendes und vielseitiges Leben hat nun mal – wie alles andere auch – einen Preis, der gezahlt werden will, und den ich heute gern gegen Gewohnheiten und Abwarten eintausche, um mir und den Menschen in meinem Umfeld die Beständigkeit geben zu können, die sie sich wünschen und die wir alle brauchen.

WIE DAS INTERNET UNSERE FAMILIENKASSE SCHONTE

Schon im Kindergarten interessierte ich mich sehr für Geschichten und Bücher. Das Lesen brachte ich mir wie gesagt kurzerhand einfach selbst bei. Als Nächstes versuchte ich mich am Schreiben, doch das kleine R wollte mir nicht so recht gelingen, sodass auf einem Zettel an der Fensterscheibe meines Kinderzimmers, gut sichtbar für alle, die ebenfalls oberhalb der vierten Etage wohnten, MaЯia stand. Das große R war spiegelverkehrt – so genau nahm ich die Sache dann doch nicht.

Als ich ein Jahr später zur Schule kam und mit dem Deutschunterricht die Feinheiten der deutschen Sprache zu lernen begann, gute Diktate schrieb, weil bei mir mit dem Schreiben nach Bauchgefühl immer mindestens ein Bienchen, später eine Eins drin war, verlor ich dann das Interesse am Weiterentwickeln meiner Lese- und Schreibkompetenz. Ich hatte ja das Grundprinzip verstanden, mehr wollte ich nicht. Einen Debattierclub oder eine Schreibwerkstatt sah ich nie von innen. Schade eigentlich.

Meine Begeisterungsfähigkeit und ihr Pendant, die Wankelmütigkeit, führten schon in der Kindheit dazu, dass ich eine ganze Reihe Hobbys ausprobierte – zum Leidwesen meiner Mutter teilweise sehr kostspielige –, die ich dann aber auch schnell wieder fallen ließ. Ich erinnere mich noch an eine Phase, ich muss zwischen acht und zehn Jahre alt gewesen sein, in der ich exzessiv Window-Colouring betrieb und alle Verwandten zu allen Anlässen mit Fensterbildern beschenkte. Dann begann ich – irgendwann mit elf oder zwölf – mit dem Reiten. Eine Zeitlang waren Pferde also das Thema für mich, und ich wünschte mir Pferdebücher, in denen ich über die Herkunft und Aufzucht las, nahm Reitstunden und half auf dem Reiterhof einer Freundin mit. Ich sog alles auf, was ich über die Vierbeiner in Erfahrung bringen konnte. Ein paar Monate später ließ die Begeisterung nach. Ich zwang mich dennoch, diesem Hobby weiter nachzugehen, weil es einiges gekostet hatte, wie meine Mutter nicht müde wurde zu betonen. Und weil ich mir nicht anhören wollte, sie habe es ja gleich gewusst, dass die Sache mit mir und den Pferden nichts Dauerhaftes sei. Ist ja auch gut, wenn Mutti es wusste, herausfinden musste ich es aber allein. Und das geht für mich eben nur über das Probieren.

Später, im Alter von fünfzehn, begann ich dann mit Fußballspielen. Eine Frauenfußballmannschaft wurde vom Stadtverein gegründet, viele Mädchen machten mit. Ich auch. Ob ich vorher mal Fußball geschaut habe? Nein. Ob ich eine Ahnung hatte, worum es ging? Ebenfalls nein. Aber ich ließ mich auf Theorie und Praxis und auf die Begeisterung der anderen Spielerinnen ein. Außerdem war meine Mutter zu dieser Zeit mit einem Fußballspieler liiert und wünschte sich, dass der Fußballplatz der Ort des familiären Zusammenlebens werden sollte.

Ein Vierteljahr war ich schon dabei geblieben und hatte durchgehenden Muskelkater in den Waden und Schienbeinen, den ich kaum mehr einem bestimmten Training oder Spiel zuordnen konnte. Mein Interesse am Fußball beschränkte sich inzwischen auf die Freude am regelmäßigen Training und die Vorfreude auf Weihnachts- und Vereinsfeiern. Wir waren insgesamt keine gute Mannschaft, lagen immer auf dem letzten Platz und verloren häufig zweistellig, was im Fußball sonst eher eine Ausnahme oder ein Aprilscherz auf der Anzeigetafel ist, aber: Wir waren ein lustiger Haufen, der viel Spaß hatte. Und weil es eben alle machten und meine Mutter mir sagte, ich könne nicht schon wieder ein neues Hobby anfangen und sollte doch auch mal bei einer Sache bleiben, hielt ich das Fußballspielen ganze zwei Jahre durch. Eine erstaunlich lange Zeit für meine Neugierde, die längst gestillt war, als ich das erste Mal mit dem Gesicht voran über den nassen – und erstaunlich harten – Rasen gerutscht war.

Ich probierte es in dieser Zeit auch mit dem Fitnessstudio, weil mein erster Freund dort viel Zeit verbrachte. Viel Zeit bedeutete übrigens vier Mal in der Woche. Ich muss wirklich fit gewesen sein mit siebzehn. Mein Spaß am Training hielt sich hier ebenfalls insgesamt in Grenzen, auch wenn sich mir das Prinzip von körperlicher Ertüchtigung, Kraft- und Ausdauersport, den sicht- und messbaren Erfolgen schnell erschloss. Nur die ausdauernde Begeisterung für diesen Sport konnte ich nicht mit den anderen teilen. Ich blieb, weil mein Freund blieb, und ging, als ich ihn gehen ließ.

Dann kam das Internet. Es existierte bereits seit einiger Zeit, aber nun hielt es in unser heimisches Wohnzimmer Einzug. Aus diesem räumte ich den großen Computer, bestehend aus Monitor, Tower, Maus, Tastatur, Boxen und Drucker und vielen Kabeln, ziemlich zügig in mein Zimmer, wo fortan bei jedem Einwählen in das Internet die typischen Piepgeräusche zu vernehmen waren. Ganz so, als würde dieses feste Gehäuse, und nicht sein unsichtbares Innenleben, mit einem lauten Telefonanruf Zutritt im Internet anfordern: Entschuldigung, wir würden auch gern zur Party. Ist denn noch Platz? Ja? Ach wie schön. Es dauert noch etwas? Nun gut, kein Problem, wir warten gern. Ah ja, jetzt können wir? Toll. Ab auf die Party namens Internet. Piep, piep.

Und dieses Internet, das hielt alles bereit, was ich schon immer (oder auch erst seit ein paar Sekunden) wissen und lesen wollte. Hatte ich Hausarrest, stieß das bei mir nicht auf Widerstand und Verzweiflung, weil ich mich nicht mit meinen Freunden treffen konnte. Im Gegenteil, Stubenarrest, wie er bei uns hieß, war toll. Ich hatte Lesezeit und musste mich keinen sozialen Verpflichtungen hingeben, außer am Telefon zu sagen: «Nee, kann nicht rauskommen, Stubenarrest. Ciao.» Alle Fragen, die es in meinem Kopf gab, alles, was mich ansprach, worüber ich mehr wissen wollte, was mir unter den Nägeln brannte und mich in den Bann zog, konnte ich mit dem Einzug des Internets in mein Zimmer holen. Wenn auch zeitlich begrenzt, denn das Internet wurde zu dieser Zeit noch nach Minuten abgerechnet. Es gab noch den Kurznachrichtendienst *ICQ*, der mit einem «oh oh»-Geräusch über die externen Boxen meldete, wenn eine neue Nachricht eingegangen war. *MySpace* war das soziale Medium. *Facebook* gab es noch nicht. Echt.

Wann immer ich durfte (oder es heimlich tat und am Monatsende sehr glaubhaft und schon fast mich selbst überzeugend behauptete, dass das Internet sich wohl allein eingewählt und Kosten verursacht haben müsse), surfte ich im Netz und las mich in das ein, was mich gerade am meisten beschäftigte und nicht in den Kinder- und Jugendbüchern in meinem Bücherregal oder in den Romanen und Krimis meiner Mutter zu finden war.

Mit dem Internet brauchte ich keine Hobbys mehr. So traf es mich zum Beispiel auch nicht allzu sehr, als mein Tanzpartner nach dem Silberkurs sagte, dass er den nächsten und letzten Kurs nicht mehr machen will. Die freie Zeit, die ich nun mehr hatte, wusste ich schon zu füllen.

Ich wollte wissen. Ich will wissen. Wissen ist Wachstum, Wissen ist Macht. Dass ich in meiner Kindheit von einem Hobby zum nächsten sprang, war damals mein Weg, an Wissen zu gelangen und mich daran bereichern zu können.

Mittlerweile entwickle ich keine so starken Obsessionen mehr für bestimmte Hobbys, brenne aber immer noch genauso leidenschaftlich für Themen. Was anfangs von meiner Mutter und manchen Freunden als negative Eigenschaft kritisiert wurde, meine Begeisterungsfähigkeit, meine Sensibilität für neue Themen, ist heute – richtig genutzt – meine schöpferische Kraft, eine der zentralen und wichtigen Kompetenzen in meiner Selbständigkeit, in der neue Ideen und Wege über den Erfolg entscheiden.

AUF BERUFLICHEN ABWEGEN

Das und fast alles andere, was ich heute über mich weiß, war mir vor dreizehn Jahren natürlich nicht ansatzweise bewusst. 2007 war die meiste von anderen und mir an mich selbst gerichtete Frage, welchen Beruf ich für den Rest meines Lebens ausüben möchte. Während ich quasi am Tag zuvor noch um Erlaubnis hatte fragen müssen, ob ich ausgehen darf, sollte ich am nächsten Tag beantworten, was ich die nächsten fünfzig Jahre beruflich machen will.

Meiner Mutter war es wichtig, dass ich studiere, und zwar etwas, das mir später Sicherheit bringt. Schon in der Grundschule weckte sie mich und fragte noch vor dem Guten-Morgen-Kuss das Alphabet ab. Später folgte das Einmaleins bei allen alltäglichen Gelegenheiten: beim Abendbrot, vor dem Schlafengehen, auf dem Weg zu Oma, Tanten, Spielfreunden, beim Einkaufen oder in der Badewanne. Was ist drei mal fünf? Sieben mal acht? Dreizehn mal achtzehn? Meine Mutter wollte mir ein gutes Leben ermöglichen, in dem ich für meine Leistungen mit Geld belohnt werde. Denn Geld war für sie gleichbedeutend mit Sicherheit. Und ich kann und möchte meiner Mama deswegen keinen Vorwurf machen. Sie stammt aus einer großen Familie und armen Verhältnissen. Leistung war ihr einziger Weg, Aufmerksamkeit und Liebe zu bekommen und später einen bestimmten Lebensstandard zu erreichen. Sie wünschte sich, dass es mir besser ergehen sollte, insofern waren das Gymnasium und später ein Studium der einzig aufgezeigte und geduldete Weg.

In der Schule wurde nur oberflächlich der Studienführer der *Agentur für Arbeit* durchgesprochen, dann war auch schon das Abiturzeugnis da, und die Bewerbungsfristen für die Studiengänge näherten sich dem Ende. Weil ich zu dieser Zeit gern Krimiserien sah und skandinavische Krimis las und irgendwas Handfestes brauchte, bei dem die Familie nicht befürchtete, ich würde trotz hochqualifiziertem Abschluss Aushilfsjobs machen müssen, kam ich auf die Idee, zukünftig kriminalpolizeilich zu arbeiten. Ich hatte mich deshalb in meiner Wahlheimat Hamburg für Rechtswissenschaften mit Schwerpunkt Kriminologie und fristgerecht für ein Studium in diesem Jahr ein Jahr zuvor bei der Bundespolizei beworben, zu der ich ab September gehören sollte. Hier kollidierten meine Vorstellungen mit der bitteren Realität. Obwohl ich für gewöhnlich recherchiere und konsultiere, um Antworten zu finden, tat ich bei der Suche nach meinem späteren Berufsfeld genau das Gegenteil. Ich war geängstigt von der Vorstellung, meine Heimat verlassen, in eine Großstadt ziehen zu müssen, und tat es nur – weil man das eben für ein Studium so macht. Zudem erschreckte mich die Tatsache, dass diese Entscheidung wirklich mein gesamtes Leben beeinflussen sollte. Jetzt einen Job für immer wählen. Ich war so überfordert mit der Situation, dass ich lieber nichts tat, als die gruselige Vorstellung eines Lebens, welches ich jetzt festlege, durch Informationen noch zu untermauern.

Rückblickend wäre das ein guter Zeitpunkt gewesen, diese Ängste auch zu benennen und nach Alternativen zu schauen, in denen ich mich erst einmal ausprobieren könnte, um nicht sofort und ohne Erfahrung konkrete Lebensentscheidungen treffen zu müssen, die von blanker Panik getragen waren. Vielleicht wäre es eine Möglichkeit gewesen, ein oder mehrere Jahre zu jobben, zu reisen, ehrenamtlich tätig zu werden oder erst einmal eine Ausbildung zu machen. Doch diese Optionen kamen nicht nur für meine Mutter nicht in Frage. Ich war darauf geprägt worden, mein Abitur zu machen und als Erste in der Familie studieren zu gehen. Völlig unvorbereitet, aber mit diesem Ziel vor Augen, informierte ich mich nur notdürftig und schickte Bewerbungen nur auf Fristsetzung meiner Mutter ab.

Mit meiner Zusage für die Bundespolizei versuchte ich mich erstmals in eine staatliche Institution einzufügen. Ich dachte dabei allerdings eher an Horatio Caine aus der Krimiserie *CSI:Miami* als an die Mitglieder der Ausbildungsgruppe Fulda. Statt konzentrierter Ermittlungen, spannenden und abwechslungsreichen Fällen und Teamarbeit, gab es Gemeinschaftszimmer auf einem Kasernengelände und jeden verdammten Tag Sport, von dem ich inzwischen ja wusste, dass ich ihn nicht exzessiv betreiben wollte. Als uns nach drei Wochen unsere zukünftigen Arbeitsplätze am Frankfurter Bahnhof und Flughafen vorgestellt wurden, folgte das endgültige Erwachen, und ich entschied mich, diese Chance verstreichen zu lassen und zum Jura-Studium nach Hamburg zu gehen.

Ich bin stolz, dass ich damals mutig genug war, einer solch großen und vielversprechenden Institution wie der Bundespolizei den Rücken zu kehren – und mich damit erstmals nicht den Vorstellungen meiner Mutter zu beugen.

Mein Plan war, mich an der Uni Hamburg auf Kriminologie

zu spezialisieren und danach als Kriminologin für die Polizei zu arbeiten, um eine Brücke zum Polizeidienst zu schlagen. Ich fand das ehrlich spannend und brauche diese logischen Zusammenhänge der Ereignisse in meinem Leben.

Andere Herausforderungen zu dieser Zeit waren das Bafög zu beantragen, da ich keine Einkünfte vorzuweisen hatte, mit einer Freundin eine bezahlbare Wohnung zu finden, die Trennung von meinem ersten Freund zu verarbeiten, Raum für einen neuen Freund zu schaffen und meinen Platz unter Hunderten Studenten einzunehmen. Ich wollte ein Umfeld finden, das angesagt ist und in dem ich eines dieser romantischen Studentenleben leben könnte, zu dem WG-Partys und gemeinsame Verabredungen, nächtliche Mitbewohner*innen-Gespräche und ein WG-Tisch mit geschichtsträchtigen Flecken gehören. Ich war achtzehn, und wie alle anderen, die zum Studium in die Welt (Großstädte sind aus der Perspektive einer Kleinstadtbewohnerin ebendas) hinausgingen, vom Leben mit all seinen Möglichkeiten überfordert. Und als Achtzehnjährige, die sensibel ist und nicht darum weiß, noch einmal mehr.

Die Fakultät für Rechtswissenschaften war groß. Sehr groß. Der Weg von meiner WG zur Uni dauerte mehr als eine halbe Stunde. Obwohl ich in derselben Stadt blieb! Er dauerte allein deshalb auch eine halbe Stunde, weil es so viel anzusehen und einzuprägen gab, während ich gleichzeitig versuchte, möglichst nicht aufzufallen beziehungsweise den richtigen Menschen betont unbemüht aufzufallen.

Mehr als vierhundert Studienkolleg*innen hatten ebenfalls das Ziel, ihren Abschluss in Rechtswissenschaften zu machen, ihren Platz zu finden und mit der neuen Situation zurechtzukommen. Was viel Potenzial für gemeinsame Schnittmengen an Themen und Interessen bereithielt, hatte jedoch einen Haken: Mit den meisten von ihnen konnte ich mich nicht identifizieren. Ich bin keine Freundin von Vorurteilen oder davon, Menschen in Schubladen zu stecken, doch hier saßen fast ausschließlich gutsituierte, Segelschuhe und aufgestellte Poloshirtkragen tragende Menschen, sodass ich in den Vorlesungen den letzten Teil von J.K. Rowlings Septologie «Harry Potter und die Heiligtümer des Todes» las, um mich nicht damit konfrontieren zu müssen, dass ich am falschen Ort gelandet war. Dass ich nicht genug überlegt und abgewogen hatte. Dass ich übereilt und getrieben vom Streben nach Sicherheit und Leistung und Vorstellungen, die nicht meine waren, eine falsche Entscheidung getroffen hatte. Dass ich mich nicht, wie eigentlich üblich, informiert hatte, sondern aus Angst vor der Konfrontation mit meiner Mutter und der Bewertung von ehemaligen Mitschüler*innen Hals über Kopf nach Hamburg zum Jura-Studium gegangen war. Dass ich nicht auf meine eigenen Bedürfnisse und Wünsche geachtet hatte. Dass mir das alles, diese Reizüberflutung angesichts meiner fehlenden Filter, einfach zu viel war.

Die Vorlesungen waren spannend, aber eben nicht so spannend wie die Bücher über den Zauberer Harry Potter, die obendrein ein Gefühl von Zuhause, Schutz und Heimeligkeit in mir weckten. Die Studieninhalte erschlugen mich. Es ging zum einem um theoretisches Wissen, das man sich aneignen musst, zum anderen um das Finden, Lesen und Verstehen sowie Verknüpfen von Paragraphen, und dann vor allem um die stoisch-strikte Anwendung des Rechts nach klar vorgegebenen Richtlinien. Alles in allem gab es viele Regeln, die sich für mich wenig sinnstiftend anfühlten, sondern nach Enge – und nicht nach der erhofften Weite eines Studiums, in dem Student*innen zum ersten Mal frei entscheiden, womit sie ihre Studienzeit und ihre Freizeit verbringen, wo und wie sie wohnen, wann sie aufstehen oder was sie essen wollen.

Noch jemand saß meistens recht verloren und etwas deplatziert wirkend in den hinteren Reihen, die ich mittlerweile als mein Sitzplatz bevorzugte. Der junge Mann war groß, hatte keine Haare und ein schönes Gesicht. Er wirkte gelassen, während ich mehr und mehr verzweifelte, weshalb ich ihn cool fand und eigentlich das Gefühl hatte, wir könnten keine Freunde sein. Mich und andere Menschen bewertete ich oberflächlich nach Kategorien wie Erfolg, Aussehen, Wirkung. Ich behandelte alle Menschen mit der gleichen Freundlichkeit und Respekt, doch mein engeres Umfeld wählte ich nach den Kennzahlen aus, die Anerkennung versprachen. Schon in der Schule konnte ich um keinen Preis mit den «Nerds» befreundet sein, die (wie ich es eigentlich gern wollte, aber mich nie traute) an den Wochenenden zu Hause blieben und lasen. Ich musste mit den «Coolen» um die Häuser ziehen, Abenteuer erleben, verrückte Dinge ausprobieren und Grenzen übertreten. Ehrlicherweise suchte ich mir fast alle meine Freunde nach ihrem Status aus. Gemocht habe ich sie trotzdem ehrlichen Herzens, aber ich wählte sie nicht ohne Grund.

Ab jetzt waren der schöne Junge und ich zu zweit verloren und gemessen an der Fülle des Vorlesungsraums recht allein. Gemeinsam zogen wir zwei Semester ohne Segelschuhe und Poloshirt durch. Wir trafen uns nie privat, aber an jedem Tag, an dem wir es in die Uni schafften, und überdeckten gemeinsam mit vielfältigen Beschäftigungen die Aura des Scheiterns, die uns umgab.

Dann war er mutig und ging zurück in seine Heimat Köln, um irgendwas mit Medien zu studieren. Ich kann heute noch fühlen, wie verlassen und enttäuscht ich war, als er mir seine Entscheidung mitteilte. Wie konnte er mich allein in diesem riesigen Schlamassel zurücklassen? Ich hielt noch zwei Semester länger durch, in beiden ging ich nicht mehr in die Uni. Ich saß zu Hause und versuchte, die Studieninhalte mit einem letzten Hoffnungsschimmer auf einen Abschluss selbst zu ergründen. Ich zwang mich zu Routinen und einem Alltag, in dem ich immer öfter nur meine Mitbewohnerin sah und mich fragte, ob so mein Leben aussehen sollte. Sie studierte Medizin und arbeitete nebenbei im Krankenhaus, sodass unsere Leben wenige Schnittpunkte hatten. Sie schlief bis zum Nachmittag, ging in die Uni, zum Job und buk nachts (mit Mixer!) Kuchen und Kekse. Ich versuchte mich an dem, was man als Erwachsene eben so macht: früh aufstehen und so tun, als würde man glücklich arbeiten, Gewohnheiten etablieren (obwohl sich keine davon richtig anfühlte), Freizeitbeschäftigungen finden, die mich zumindest teilweise erfüllten, einkaufen, mit dem wenigen Geld auskommen. Ich war erwachsen, wie es in jedem Film und Buch stand, wie es jede Serie aufzeigte. Nur sah dieses Erwachsensein im Fernsehen immer nach Freude und einem Weg aus, der passte und sich wie von selbst ergab.

Bei mir fühlte er sich hingegen nach großem Unglück an. Wegen dieses Studiums. Und weil es mir nicht gelang, in meinem Umfeld anzukommen. Ich stand mir selbst im Weg. Auf die Idee, an einem für mich falschen Ort zu sein, kam ich nicht und wollte ich ehrlicherweise auch nicht kommen. Es musste passen, wenn nicht, musste ich es passend machen. Ich musste *mich* passend machen. Ich stellte mich selbst in Frage und warf mir vor, nicht genug zu leisten, um einen Platz an der Universität und in Hamburg verdient zu haben. Ich strengte mich nicht genug an, um anzukommen und angenommen zu werden, und konnte somit auch nicht mit der Schulzeit und dem Weggang aus der Heimat abschließen. Außerdem war ich unzufrieden in der zweiten Beziehung meines Lebens, die ich von Beginn an mit Zweifeln eingegangen war.

Ich wusste, dass es so nicht weitergehen konnte, aber ich wusste nicht, wie ich es beenden und zu dem Punkt zurückkehren konnte, an dem alles schiefgegangen war. Das Studium abzubrechen erschien mir unmöglich, wo ich doch bereits der Bundespolizei nach einem Monat den Rücken gekehrt hatte. Ich wusste zudem nicht, wovon ich leben sollte, wenn ich nicht studierte, denn ich war finanziell abhängig vom Bafög und meinem Zuverdienst als Hostess auf der Messe. Also schluckte ich die Ausweglosigkeit und beschloss, es mit dem Ausland zu probieren und mir zumindest diesen Traum zu erfüllen. Ob es wirklich mein Traum war oder das, was junge Menschen in ausweglosen Situationen eben tun, kann ich heute nicht mehr rekonstruieren – möglicherweise Letzteres.

Anstatt zur Uni zu gehen und noch irgendwas zu retten zu versuchen, verschloss ich die Augen und stürzte mich in die Arbeit. Auf der Messe verdoppelte ich für das dritte Semester meine Arbeitsstunden zu einer Vollzeitstelle und sparte alles Geld, das ich nicht zwingend zum Leben brauchte, um im folgenden Sommersemester für einige Wochen nach England gehen zu können. Zu den Vorlesungen und Veranstaltungen ging ich nicht mehr.

In England, so hoffte ich, würde ich meiner Großbritannien-Liebe nachgehen können und Abstand gewinnen. Mein Leben spitzte sich auf die Wochen zu, in denen ich nach Manchester ziehen wollte, um bei einer Gastfamilie zu leben und in die Sprachschule zu gehen, um mein Englisch aufzubessern. Ein Leben danach gab es vorerst nicht, gerade weil ich nicht wusste, was diese Reise mit mir machen würde. Doch dieser Verdrängungsmechanismus funktionierte im Flieger nach Manchester plötzlich nicht mehr, und Panik machte sich breit, nun, da ich zum ersten Mal allein eine Reise antrat. Im ICE nach Köln war ich noch von meiner Familie umgeben gewesen, die mir den Koffer in den Zug getragen hatte und nicht mehr rechtzeitig aus dem Waggon herausgekommen war.

Doch nach dem ersten Schock des Alleine-verreist-und-aufsich-selbst-gestellt-Seins wurde Manchester zu einer tollen Erfahrung. Die Sprachschule war der richtige Ort für mich und meine Gastfamilie warmherzig. Ich wurde herzlich empfangen und musste mich nicht mit meiner Angst vor der neuen Erfahrung verstecken. Ich fühlte mich gut aufgehoben, weil ich einfach sein konnte, wie ich war: mit meiner Angst, meiner Unsicherheit, dem Stapel an mitgebrachten Büchern, meinem hohen Schlafpensum und dem Bedürfnis nach Stunden nur mit mir allein. Und auch, weil ich zwischen all den anderen Schüler*innen aus verschiedenen Nationen mit meiner Unsicherheit nicht groß auffiel. Das half mir, sie zu überwinden und Schulfreunde zu finden.

Ich selbst empfand mich in dieser Zeit als recht zickig und ungelenk im Umgang mit anderen. Ich schminkte mich nicht, ging allein auf Streifzug durch die Stadt, fuhr allein in andere Städte. Manchmal fuhr ich mit Freund*innen zur Seenplatte, aber wenn ich nicht wollte, blieb ich auch nicht dort und verließ die anderen frühzeitig. Anstatt also zu verstehen, dass ich mich zum ersten Mal wirklich nach meinen Bedürfnissen richtete, bewertete ich mich als zickig. Weil man das eben mit Mädchen und Frauen tut, die sich nicht fügen, die nicht lächeln, die nicht sanftmütig und ausgeglichen nach Kompromissen suchen, die sich stattdessen eigenständig und selbstbestimmt bewegen.

Als ich England nach einigen Wochen verließ, nachdem der Aufenthalt in London mit meinem mich besuchenden Freund im Streit geendet hatte, fiel mir der Abschied schwer. Meine erstmals empfundene Ausgeglichenheit wich der Panik, die sich ihren Weg in mein Zwerchfell bahnte, wenn ich an mein «echtes» Leben in Hamburg dachte. Was auch immer ein echtes Leben sein mochte – dieses hier im Ausland war es nach meiner Definition nicht. Ausland war für mich damals gleichbedeutend mit Urlaub und fixen Ideen, das zeigte *Vox* doch ausführlich in diversen Fernsehshows. Wer mal eben kurz ins Ausland geht, kommt sowieso reumütig und abgebrannt zurück und muss die Häme anderer ertragen, während er vor lauter Mittellosigkeit keine Widerrede geben kann. In England zu bleiben, um dort zu studieren, kam wegen meiner Angst, genauso abgehalftert zu enden und aufgrund meiner finanziellen Lage nicht in Frage.

Ich ignorierte meine Feinfühligkeit und schottete mich von mir selbst emotional ab. Meine Sensibilität musste dem panischen Versuch weichen, Rollen und Erwartungen gerecht zu werden. Keinesfalls wollte ich bei meiner Mutter, bei Freund*innen und anderen Menschen in Ungnade fallen, sodass sie möglicherweise schlecht über mich denken und, noch schlimmer, reden könnten. Mich vorerst mit dieser Baustelle rumzuplagen, ließ alle anderen Probleme und vor allem mein sensibles Gespür für meine eigenen Bedürfnisse in den Hintergrund verschwinden.

KOMPROMISSE UND SCHEINBARE LÖSUNGEN

Ich hatte zumindest den Entschluss gefasst, das Jura-Studium abzubrechen. Dass es so nicht weitergehen konnte, war klar, doch was ich stattdessen machen wollte, wie ich das meiner Mutter beibringen und wovon ich leben sollte, verschwand in einer nebulösen Gedankenwolke, in der mein Herz zu rasen begann und mir die Luft wegblieb. Ich überlegte mir in den kommenden Wochen vor allem Lösungen, die einen Mittelweg zwischen all dem Bisherigen darstellten: Es sollte etwas Neues sein und zukunftssicher, vor allem aber auch meine Finanzlage nicht kippen lassen. Etwas studieren oder eine Ausbildung machen, die mir Freude macht? Hallo, wir sind ja nicht zum Spaß hier! Das ist Arbeit. Und sichere Arbeit mit guter Bezahlung findet man vor allem im städtischen und Finanzsektor, dachte ich mir. Auf das Bankenwesen kam ich durch die Mutter meines zweiten Freundes, deren Leben sehr strukturiert, gutsituiert und erwachsen wirkte. Auf die dualen Studiengänge bei der Stadt muss ich wohl über Bekannte gekommen sein. Und so bewarb ich mich nach der Rückkehr aus England für städtische oder von Banken finanzierte duale Studiengänge, um dem Bafög-Sumpf zu entkommen und die Richtung zu wechseln – heimlich, sodass meine Mutter nur leisen Verdacht schöpfte, als ich meine Zeugnisse aus ihrer Wohnung schmuggelte. Keine Pointe.

Zu meiner Überraschung wurde ich bei der Stadt Hamburg für den Studiengang Public Management angenommen, der auf Englisch viel aufregender und komplexer klingt, als er sich im Deutschen darstellt: öffentliche Verwaltung. Das Studium umfasste rechtliche, wirtschaftliche und soziale Elemente, dauerte drei Jahre bis zum Bachelor und beinhaltete ein Jahr mit drei Pflichtpraktika. Dafür gab es knapp 1000 Euro monatlich überwiesen, und die Hälfte des Krankenversicherungsbeitrags wurde übernommen. Deal.

Ich entschied mich für den rechtlichen Schwerpunkt, weil ich in diesem Bereich schon einiges an Wissen durch das Jura-Studium angesammelt hatte, und ich allem, was finanzielle Sicherheit versprach, Vorrang gab. Für den sozialen Bereich konnte ich mich eh erwärmen, ich interessierte mich – vor allem aus der nahen Ferne – schon immer für Menschen, und den wirtschaftlichen Aspekt, so redete ich mir ein, würde ich schon hinbekommen. Dass ich schon in der Schule nur mit Wohlwollen des Kursleiters für den Wahlkurs Wirtschaft und der Hilfe meines besten Freundes die Tests geschafft hatte, schob ich in eine der hinteren Regalreihen meiner Gedankenwelt. Die Zusage erschien mir ein zu verlockender Ausweg aus meinem Schlamassel zu sein, als dass diese kleinen Betonpfähle, die mir im Magen lagen, nachhaltig meine Aufmerksamkeit erregt hätten. Und: Ich nahm mir vor, es dieses Mal anders zu machen. Ich wollte jeden Tag vorbereitet sein, Ordner führen, jede Woche ein bisschen, statt kurz vor den Prüfungen alles lernen, und eine tolle Zeit mit bestimmt tollen Kommiliton*innen haben.

Heute weiß ich: Diesen Vorsatz haben alle Student*innen in allen Semestern. Ausnahmslos. Doch nach ein paar Wochen erscheinen Ausschlafen, Serienmarathon und drei Partys pro Woche irgendwie verheißungsvoller als Verwaltungsrecht und Rechnungslehre.

Im ersten Semester fand ich das Studium noch attraktiv, weil ich mit dem Wissen aus dem Jura-Studium einen leichten Start hatte und beim analytischen Rechtsdenken punkten konnte. Im zweiten Semester ertränkte ich das emotionale Auf und Ab der zweiten Trennung, die sich absolut richtig anfühlte, in Alkohol. Weil man das so macht. Nach Trennungen ist man schließlich verrückt, und alles ist erlaubt. Einen Alltag gibt es nicht mehr, sondern Eiscreme und Alkohol und absurdes Verhalten. Ich ging selten zu den Vorlesungen und wenn doch, dann weil dort Freund*innen warteten, mit denen ich Leid und Freude teilte und die diesem Studium im Klassenverband ein Gefühl von Schule verliehen.

Im Gefühlsdusel dieser aufregenden und grenzenlosen Zeit verliebte ich mich neu, und der Sommer des zweiten Semesters war ziemlich gut. Dieses Mal wollte ich mich nicht vorschnell in eine Beziehung ziehen lassen und die Ideale und Wertvorstellungen des anderen übernehmen oder mir seine Routinen aneignen, wie es mir zuvor passiert war. Also bestand ich darauf, alles ganz langsam angehen zu lassen. So langsam es eben geht, wenn man so verknallt ist, wie, ja wie zuletzt mit der ersten Liebe, was man als sensibler Mensch sehr intensiv erlebt und dadurch durchlässiger wird. Aus «Oma, wir gehen das ganz entspannt an. Es stört mich überhaupt nicht, dass er berufsbedingt viel Zeit mit dem Schiff auf See verbringt, so habe ich Zeit für mich» wurde recht zügig das ganz große Vermissen. Dieser Mann war mir wichtig.

Eigentlich wollte ich nach den zwei Beziehungen, die ich hinter mir hatte, vorerst überhaupt keine*n Partner*in in mein Leben lassen. Die eine war alles verschlingend gewesen und damit gleichzeitig wahnsinnig gut und unglaublich schlecht, und die andere der zwischenmenschliche Ausdruck meiner maximalen Angepasstheit, in der ich alles tat, um geliebt zu werden und in einem Leben anzukommen, das in keiner Hinsicht meines war.

Aber ich konnte diesem Typ mit den stahlblauen Augen keine Abfuhr erteilen. Diesem Typ, der sich für mich in jeder schlechten Situation zum Narren machte, der mir wirklich zuhörte und mich dabei ernst und wichtig nahm, der meine Hände und Füße massierte, auch wenn sie ein bisschen schwitzig waren, der über die Periode wie übers Einkaufen sprach und dabei so tief verwurzelt im eigenen Leben war. Ich wollte herausfinden, wer dieser Mensch war, den ich seit Jahren zum platonischen Freund hatte und über den ich viel zu wenig außer dem Offensichtlichen wusste: Mich hatte endlich wieder jemand wirklich berührt. Nicht dass die anderen Menschen in meinem Leben mich emotional nicht erreicht hatten, aber er tat das auf eine andere Art, eine Art, die mir bis dahin fremd war. Er fühlte sich nach zu Hause an, nicht nach einem Abenteuer.

Es folgte einer der besten Sommer meines Lebens. Einer, in dem in meiner Erinnerung der Himmel immer blau war und die Sonne von morgens bis abends schien. Im Morgengrauen mit dem lila-petrolfarbenen Licht drehten wir uns noch einmal um, unter der himmelblauen Decke sprangen wir in Seen und tanzten unter dem Sternenhimmel über Open-Air-Veranstaltungen. Manchmal, wenn dieser Typ mich küsste, blieb mir die Luft weg. Auch als er mir sagte, dass er mich liebte, und ich keine Antwort darauf fand. Entgegen seiner Erwartung und der aus den Hollywood-Filmen ließ ich mich zu keinen Liebesbekundungen hinreißen, die ich nicht fühlte. Sich in ihn zu verlieben, war leicht. Es laut auszusprechen, entgegen meines Versprechens, mich auf keinen Menschen einzulassen, war schwer. Ich übte es, wenn er eingeschlafen war, und flüsterte die Worte so lang vor mich hin, bis er mich eines Morgens danach fragte. Von da an war unsere Liebe einfach. Sie war einfach da, einfach gelebt und einfach nicht mehr wegzudenken.

Ende des Sommers fuhr mein neuer Freund, wie ich ihn nun bei Familienessen und Studienfreund*innen vorstellte, für mehrere Monate mit dem Schiff auf See. Er war seit einigen Monaten bei der Marine, und sein erster Einsatz stand bevor.

Ich vermisste ihn nur bei dem Gedanken an den baldigen Abschied und die lange Zeit, in der wir fast nur über E-Mails würden kommunizieren können, weil auf dem Ozean kein Netz ist und Roaming im Ausland, wenn sie Häfen anliefen, zu dieser Zeit noch nicht kostenfrei war.

Als er schließlich fuhr und ich im Herbst meine ersten beiden Praktika für jeweils drei Monate antrat, die Teil des dualen Studiums waren, schrieb ich also E-Mails. Und wartete darauf, dass sie zugestellt wurden, was nur stundenweise erfolgte. Dann wartete ich auf Antwort. Zwischendurch konnte ich, wenn ich wollte, im Internet die Route des Schiffes nachverfolgen. Keines von beidem half gegen das Gefühl des Vermissens, das ich in diesem Ausmaß nicht kannte. Ich hatte auch bis dahin noch nie in meinem jungen Leben so lang auf irgendjemanden warten müssen – ich war zwanzig. Was mir blieb, war das erste der 42,5-Stunden-Pflichtpraktika, das mich zeitlich ausfüllte. Dazu kamen Überstunden, schließlich wollte ich im November nach England reisen, wo das Schiff eine Zeitlang ankern würde, und Urlaub war in diesen beiden Praktika nicht vorgesehen. Die Aufgabe, der ich in diesem Praktikum nachging, war schnell erfasst und noch schneller erledigt. Trotz der Forderung nach neuen, anderen, überhaupt mehr Aufgaben, gab es wenig für mich in dieser Abteilung zu tun. Zwei Dinge aus diesem Praktikum bleiben mir positiv in Erinnerung: Mir war klar, dass ich in diesem Bereich nicht würde arbeiten wollen, und ich genoss, dass ich in dieser langweiligen Zeit nicht allein im Büro saß: Eine zweite Praktikantin musste hier ebenfalls einiges an Zeit totschlagen.

Als ich im November aus England zurückkehrte, war ich verlobt. Ich selbst glaubte es aber erst so richtig, als ich meine Mutter anrief, um ihr von der Neuigkeit zu erzählen. Doch sie wusste längst Bescheid. Mein Verlobter hatte sie vorab informiert. Sonst aber nichts und niemand. Nicht einmal meine Freund*innen, die mich für verrückt hielten und gleichzeitig romantische Vorfreude empfanden. Ein bisschen hatte ich es geahnt und den Antrag ohne jeden Zweifel angenommen. Ich wusste nicht, was da alles auf uns zukommen würde, aber dass ich es mit diesem Mann würde herausfinden wollen.

Die Hochzeit sollte ein halbes Jahr später stattfinden, sodass nicht viel Zeit für die Vorbereitungen blieb, die zu einem großen Teil mir überlassen blieben, da der zukünftige Ehemann noch eine Weile im Ausland bleiben würde. Aus diesem Grund sagte ich mein zweites dreimonatiges Praktikum bei einem Abgeordneten im Londoner Parlament ab. An das ziehende Bauchgefühl und die Frage nach der Richtigkeit dieser Entscheidung erinnere ich mich heute noch. Im Jahr 2010 tat ich es ab, heute hinterlässt die Erinnerung daran, mich selbst in einer anderen Person und Aufgabe verloren zu haben, einen bitteren Nachgeschmack. Denn ich flog nicht nach England, wie ich es geplant hatte. Ich suchte mir kein Zimmer in London. Ich trat kein Praktikum beim Parlament an. Ich entschied mich, so sagte ich es mir selbst, für die Liebe.

Offensichtlich vor allem für die von außen. Eine zu mir selbst kannte ich nicht. So gut diese Beziehung bis zu diesem Zeitpunkt für mein Leben gewesen war, so schlecht stand es weiterhin um alles andere in meinem Leben. Ich hatte mir ein Praktikum in Hamburg gesucht und arbeitete nun für drei Monate in der Abteilung für Opferentschädigung. Dort beschäftigte ich mich mit Anträgen, in denen Menschen Opfer von Gewalt geworden waren und eine Entschädigung von staatlicher Seite forderten; ich las Staatsanwaltschafts- und Krankenakten, suchte einmal sogar den Tatort auf und prüfte die Sachverhalte. Eine spannende und fordernde Aufgabe. Es war ein bisschen wie bei der Kripo, nur weiter weg vom eigentlichen Geschehen und von den Betroffenen, weil sich der Kontakt zu ihnen meist auf Briefe, E-Mails und Anrufe beschränkte. Wie sich zeigte, brauchte ich genau diese Distanz. Nur selten kamen Antragsteller*innen zu mir ins Büro. Wenn sie es doch taten, fiel es mir schwer, mich emotional abzugrenzen. Allzu oft nahm ich Fälle gedanklich mit nach Hause und konnte sie nicht, wie mir empfohlen worden war, auf dem Weg vom zehnten Stock nach unten im Fahrstuhl lassen. Auch mit einer fabelhaften Aussicht über ganz Hamburg ließen sich Körperverletzungen, Raub, Vergewaltigung und Mord nicht abmildern.

Diese Arbeit, in der ich im Gegensatz zum vorigen Praktikum gefordert war, überdeckte, dass ich das Studium an sich eigentlich nicht mochte. Sie überdeckte auch, dass ich meine Fähigkeiten und Wünsche über meinen beruflichen Weg hintanstellte. Was ich beruflich erreichen wollte, wer ich in meinem Job sein und wie ich wahrgenommen werden wollte, ordnete ich dem sicheren, von der Stadt Hamburg vorgegebenen Weg unter.

Ab dem Frühling würde ich wieder für ein Jahr an der Hochschule sein, worauf ich mich aus zeitlichen Gründen freute. Im letzten Semester würde dann ein halbjähriges Praktikum anstehen und eine Bachelorarbeit abzugeben sein. Für das aktuelle Praktikum bekam ich erstklassige Noten und, was mir mehr bedeutete, die Aufmerksamkeit der Ausbilder*innen. Endlich hatte sich meine zeitliche, persönliche, mentale und gesundheitliche Aufopferung bezahlt gemacht, und ich erhielt die ersehnte Anerkennung. Das war es, was ich suchte und brauchte. Als meine Ausbilder*innen sich dafür einsetzen wollten, dass ich das letzte halbjährige Praktikum auf derselben Stelle würde absolvieren können, um mich anschließend direkt zu übernehmen, fühlte sich das sehr gut an. Und sehr vorbestimmt. Ich hatte die sichere und finanziell akzeptable Zukunft eingetütet – sofern ich nicht das Studium oder mein Leben vorher versauen würde.

Der Verlobte, wie ich ihn jetzt bei der Familie und Freund*innen vorstellte, war unterdessen nach nur einer kurzen Pause von zwei Wochen wieder auf See. In Kiel war er mit seiner Fregatte ausgelaufen und ich mit einem Gefühl von Taubheit zurück in meine Wohnung gefahren. Ich ließ mir heißes Badewasser ein und heulte theatralisch, bis ich vor Erschöpfung in der Badewanne einschlief. Ein Handyklingeln weckte mich, und mein zukünftiger Ehemann verkündete, dass das Schiff kaputt sei. Ob ich ihn wieder in Kiel abholen könne? Er müsse erst in zwei Tagen zurück beim dann hoffentlich (nicht!) seetüchtigen Schiff sein.

Die Fregatte machte sich im Januar 2011 auf den Weg ins Mittelmeer. Den Verlobten, den ich sonst per Mail zumindest stündlich erreichen konnte, erreichte nun plötzlich gar keine Nachricht mehr. Dann kam mit einer Mail des Kapitäns die Klärung: Das

Schiff, das während einer Übung in Malta geankert hatte, wurde vor die Küste Libyens beordert, um Flüchtende aufzunehmen und nach Ägypten zu bringen. Jeglicher Kontakt zur Welt außerhalb der Fregatte sei unterbrochen, um diesen militärischen Einsatz und die Besatzung nicht zu gefährden. Sollte es Neuigkeiten oder Probleme geben, würden wir als Angehörige vom Kapitän benachrichtigt werden.

MIT EINER TOXISCHEN FREUNDIN
BRAUCHST DU KEINE FEINDE MEHR

Allein in meiner Wohnung am Stadtrand von Hamburg, allein mit den Hochzeitsvorbereitungen für den Mai 2011, allein mit diesem neuen Job, allein mit der Sorge um meinen Verlobten und umgeben von Freund*innen, die nicht immer voller Zuneigung für mich waren, drückte die Last des Mich-selbst-verloren-Habens schwer auf meinen Schultern. Auch meine damalige engste Freundin und Vertraute war keine gute Fürsprecherin oder Hilfe. Unsicher, wie ich war, getrieben, auf der Suche nach Wert und Ansehen, um meine Unsicherheit überspielen zu können, nahm diese toxische Beziehung eine ganz eigene, ungesunde Dynamik an.

Toxische, also giftige, Beziehungen, sind davon geprägt, dass ein Machtgefälle in der Beziehung besteht, und die Person, die «oben» steht, sich daran berauscht. «Wenn es […] einem der beiden Partner sehr viel schlechter in der Partnerschaft ergeht als dem anderen, könnte dies auf eine toxische Beziehung hindeuten. In der Regel blüht der eine immer weiter auf, während der andere zunehmend reduzierter wirkt. Irgendwann kommt es dann zu dem Punkt, an dem Letzterer merkt, dass er vor die Hunde geht. Nicht selten enden solche Partnerschaften in einer Depression», sagt Paartherapeutin Nadja von Saldern im Interview mit dem *Stern*.[12]

Ich war mit dieser Freundin seit vielen Jahren mal enger und zwischendurch auch mal weniger eng befreundet, und hätte ich auf mein Bauchgefühl gehört, wäre es nie zu dieser Freundschaft gekommen. Sie gehörte zu der Sorte Mensch, die sich tough und rigoros alles holt, was sie will. Sie war rücksichtslos und intrigant, konnte aber auch sehr charmant sein und strahlte eine Selbstsicherheit aus, die ich nicht kannte.

Wenn wir allein waren, verschwand diese Souveränität, und in unserer Schwäche waren wir vereint. Ich sah, was sie mit ihren Mitmenschen machte, wie sie jedwede Grenzen übertrat, manipulativ und egozentrisch ganze Freundeskreise in ein Trümmerfeld verwandelte. Und ich tat nichts dagegen, denn zu mir war sie nicht so. Ich war die, der sie vertraute. Ich kannte sie, wie niemand sie kannte. Und als alle anderen gingen, neue Freund*innen in ihr Leben traten und sich auch diese wieder verabschiedeten, da blieb ich, weil ich wirklich dachte, dass sie zwar mit anderen so umspringt, aber nicht mit mir. Ich wäre die Ausnahme.

Ich blieb selbst dann, als ich erfuhr, dass sie schlecht über mich sprach. Ich hatte Angst, sonst mein Gesicht zu verlieren. Ich blieb auch, als sie mich vor anderen bloßstellte, was ich durch einen Zufall mitbekam. Ich hatte Angst, mein Vergehen, unabsichtlich «gelauscht» zu haben, würde schwerer wiegen als ihr Verrat. Ich blieb, als sie mein Vertrauen missbrauchte, mir offen ins Gesicht log, es leugnete und mich damit manchmal komplett an meiner Wahrnehmung zweifeln ließ.

Meine Anhänglichkeit, meine Angst, tatsächlich zu sensibel zu sein, meine Unsicherheit, das alles nur falsch zu verstehen und zu sehen, die Befürchtung, verrückt zu sein, meine Verlustdämonen aus der Kindheit – sie alle waren der ideale Nährboden, auf dem mir ein Mensch alles und über jede meiner Grenzen hinweg abverlangen konnte, ohne dass ich ihn in Frage stellte. Ich stellte weiterhin nur mich selbst in Frage – ob ich auch wirklich genug gegeben hatte, um gemocht werden zu dürfen. Wahrscheinlich nicht. Wahrscheinlich hatte ich diesen Verrat verdient, redete ich mir selbst ein.

Also gab ich weiter meine Zeit und Energie, gab die Kontrolle über meine Handyrechnung und meine Integrität auf, um ihre Anforderungen zu bestehen und ihre Erwartungen zu erfüllen. Der Tag, an dem mir das gelang, kam nie.

Aus einer Frau mit einem geringen Selbstwertgefühl war mit den Jahren und vor allem in dieser unsicheren Zeit mit einem Verlobten auf See, der Hochzeitsplanung und beruflichen Herausforderungen ein unsicheres und paranoides, emotional instabiles und abhängiges Individuum geworden, das sich selbst, die eigenen Wünsche und den Unterschied zwischen Richtig und Falsch überhaupt nicht mehr kannte. Meine Sensibilität, meine Intuition, hatte ich vollkommen unterdrückt, weil ich dieses Thermostat für gut und schlecht auf dem Weg zum «wie alle anderen sein» als falsch und störend empfunden hatte. Ich hatte mich vollkommen dem angepasst, was diese Freundin von mir erwartete – auch wenn ich nie genügte. Hatte ich keine Meinung, bezeichnete sie mich als unstet und wankelmütig, hatte ich eine, galt sie nur, wenn sie identisch mit ihrer war.

Aus all den nicht erfüllten Anforderungen und Erwartungen wurden mehr und mehr Vorwürfe, die mich jedes einzelne Mal getroffen haben. Jede Verletzung habe ich dennoch mit dem Gefühl, es nicht anders verdient zu haben, geschluckt.

Doch je länger ich diese stets anstrengenden, weil immer überraschendes Konfliktpotenzial bergende und ein bitteres Gefühl zurücklassende Treffen rekapitulierte, unsere Gespräche, die auf mein Fehlverhalten und wie ich es korrigieren könnte hinausführten, überdachte, umso mehr begann ich, an dieser Freundin zu zweifeln. Selbst im wortwörtlichen und emotionalen Irrsinn steckt eben Sinn. Und immer weniger Sinn ergab das, was sie tat.

Je öfter ich mit Menschen sprach, die uns beiden nahestanden, desto weniger deckten sich ihre Geschichten. Ich wurde misstrauisch und vorsichtiger. Es fiel mir leichter, nicht ans Telefon zu gehen, wenn sie anrief. Ich fühlte mich besser ohne diese Freundin, aber es fiel mir erstaunlich schwer, mir selbst (endlich) einzugestehen, in welcher monströsen Lüge ich diese Freundschaft führte.

Der Bruch kam langsam, eskalierte in einem am Telefon geführten Streit um eine Reise, die wir gemeinsam geplant hatten. Letztlich schlug ich ihr vor, dass sie allein verreisen könnte. Dass sie sich am besten eine neue Freundin, was sage ich da, einen neuen Sparring-Partner für ihr Ego suchen sollte. Oder vielleicht besser gleich eine*n Therapeut*in. Ich sagte ihr, dass nicht ich, sondern sie die miese Freundin sei. Dass sie diese Bezeichnung eigentlich nicht einmal verdient habe, weil sie die Menschen in ihrem Umfeld psychisch missbrauchte und von deren Leid ihr eigenes, nicht vorhandenes Selbstwertgefühl nähre. Dass sie erbärmlich sei und ich ab sofort besser ohne sie dran. Die Kündigung der Freundschaft sei schriftlich zu bestätigen. Und im Übrigen würde ich sie bitten, von weiteren Kontaktversuchen abzusehen.

All das sagte ich ihr – aber nur in meinem Kopf. In meinem Bauch verknoteten sich die negativen Gefühle zu einem schmerzhaften Klumpen, der danach verlangte, endlich ausgespuckt und angehört zu werden.

Trotzdem fiel mir das Auflegen nach diesem Telefonat leicht. Es fiel mir auch leicht, mich auf dem Sofa zurückzulehnen und der Befreiung ihren Lauf zu lassen. Ohne Tränen, ohne Beben und

Atemnot. Ich atmete ein, und ich atmete aus. Und ich wusste, wir sind keine Freundinnen mehr. Ich wusste, es ist endlich vorbei.

Dass vorbei nicht gleich vorbei ist und mich diese toxische Beziehung noch viele Monate und Jahre begleiten würde, ehe ich Menschen wieder mit Vertrauen begegnen und absurde Ängste und Zweifel würde ablegen können, wusste ich in diesem Moment nicht. Auch nicht, dass ich noch jahrelang mit ihren hasserfüllten SMS, E-Mails, Kommentaren auf meinem späteren Blog und öffentlichen Anfeindungen auf Twitter würde leben müssen.

Letztlich war es ein bestimmter Gedanke, der diesen Streit zwischen der Freundin und mir zu unserem letzten werden ließ. Und wie es schon Leonardo DiCaprio in *Inception* zu sagen pflegte: «Wenn ein Gedanke einen Verstand erst mal infiziert hat, ist es fast unmöglich, ihn zu entfernen. Ein Gedanke ist wie ein Virus, resistent, hochansteckend, und die kleinste Saat eines Gedankens kann wachsen.» Es war der folgende Gedanke: Die Tatsache, dass ein Mensch sensibel ist und deshalb harmoniebedürftig und emphatisch auf das Wohl des anderen bedacht, gibt niemandem das Recht, diese Sensibilität auszunutzen und diesen Menschen respektlos zu behandeln.

DER ERSTE AUSFALL

An einem Morgen gegen Ende des Praktikums konnte ich nicht aufstehen. Es ging einfach nicht. Ich konnte nicht bei der Arbeit anrufen, um mich krankzumelden, ich konnte meinen Körper, der mir unendlich schwer vorkam, nicht aus meinem Bett bis ins Badezimmer bewegen. Ich musste auf die Toilette, aber das war zweitrangig. Mein dringenderes Problem war, dass ich einen solchen Zustand nicht von mir kannte, und nicht wusste, was ich tun sollte. Also blieb ich still liegen und starrte aus dem Fenster in die nackten Bäume und graue Wolkendecke. Irgendwann rief ich meine Mutter an. Noch bei der Begrüßung fragte sie mich, was passiert wäre. Als ob Mütter wirklich diesen sechsten Sinn hätten und nur an einer winzig kleinen Änderung der Tonalität ausmachen könnten, dass mit ihren Kindern etwas nicht stimmt. Absolute Superkraft. Ich erinnere mich, dass ich daraufhin sehr arg weinte. Was nicht stimmt, konnte ich meiner Mutter allerdings auch nicht sagen. Ich wusste es doch selbst nicht.

Also sagte sie mir, was zu tun ist: bei der Arbeit anzurufen und mich verspätet und entschuldigend krankzumelden. Sachen zu packen und den nächsten Zug nach Hause zu nehmen. Mich krankschreiben lassen. Von der Familie umgeben gepampert werden, bis es wieder geht. Ich fühlte mich erleichtert, dass mir zumindest eine der Entscheidungen, die ich zu dieser Zeit in großer Zahl und vorrangig allein für die Hochzeit treffen musste, abgenommen worden war. Und doch fürchtete ich die Überstunden, die ich nicht machen könnte, um mir freie Tage zu erarbeiten.

Ich deutete diesen ersten Ausfall als übersteigerten Liebeskummer, als Vorhochzeitsstress, der sich sicherlich legen würde, wenn mein Verlobter erst einmal wieder zu Hause und wir verheiratet wären; wenn wir in die gemeinsame Wohnung ziehen und er vorerst ohne weitere Einsätze und Übungen wäre.

Nach einer Woche mentaler Auszeit, für die ich mich schuldig fühlte, weil ich doch nach körperlichen Maßstäben gar nicht krank war, kehrte ich nach Hamburg zurück und verbrachte die letzten Wochen des nicht näher kommen wollenden Frühlings ohne den Verlobten zu. Ich raffte mich auf und nahm mich zusammen, wie man das eben so tut.

Unter der Woche war ich in Hamburg, die meisten Wochenenden aber in meiner Heimatstadt, in der wir auch heiraten würden.

Es ist unsere gemeinsame Heimatstadt – etwas, das ich an unserer Beziehung sehr schätze: Eine gemeinsame Herkunft verbindet und bedarf nicht immer vieler Worte. Zumindest dann nicht, wenn es um Familie oder Schulfreundschaften geht. Wohl aber, wenn Fragen über Blumen, Sitzordnung, Einladungen, Gelübde und Torten für die eigene Hochzeit warten. Mit eingeschränktem Kontakt war die Klärung vieler dieser Punkte in die Zukunft verschoben worden. Mit zeitlich versetzten E-Mails und überteuerten Telefonaten versuchten wir, in dieser jungen Beziehung Gemeinsamkeiten in den unwichtigen Punkten einer Heirat zu finden. Bei den zentralen Vorstellungen einer Beziehung und Ehe waren wir uns einig: Wir würden uns versprechen, für diese Beziehung einzustehen und an ihr zu arbeiten. Wir würden es für den bzw. die andere mit tun, wenn er oder sie es einmal weniger könnte. Wir würden gemeinsam und jeder für sich an uns und uns selbst arbeiten wollen, um uns nicht auf dem Status quo des «Besitzens» auszuruhen, sondern auch im Wandel, den die Zeit mit sich bringt, miteinander bestehen zu können. Wir würden einander nicht besitzen, würden uns füreinander aussprechen, aufeinander aufpassen. Wir würden uns vertrauen. Wir würden uns respektieren. Und versuchen, uns auch nach der Vergänglichkeit des Verliebtseins zu lieben, Liebe und Verliebtsein sich abwechseln, vergehen und wiederkehren zu lassen.

Bei den materiellen Entscheidungen taten wir uns schwer und bemühten uns, wenig äußere Einflüsse die eigenen Vorstellungen beeinträchtigen zu lassen. So bestand ich darauf, in das seit Monaten ausgewählte Resort auf die Malediven zu fliegen, um nach der Hochzeit Raum und Ruhe nur für uns zu finden. Ich wusste um das Klischee der Malediven-Reise nach der Hochzeit, aber es war mir egal. Ich verstand schon damals nicht, warum ich etwas blöd finden sollte, nur weil auch andere es gut fanden. Oder warum Trends an Wert verlieren sollten, wenn sie den Mainstream erreichen und als Parodie in ebenso parodierten Comedy-Sendungen endeten. Immerhin in diesem Punkt funktionierte mein Wertesystem. Das meines Verlobten auch, und so buchten wir die Malediven-Reise und hielten uns an unsere Vorstellung einer Hochzeit, die wir so ein Leben lang feiern wollen würden. Keine Spiele, keine Mottos, keine Pinterest-DIY-Basteleien, keine Lichterketten. Ein Brautpaar umgeben von seiner Familie und engsten Freunden, die gemeinsam auf die Liebe anstoßen.

ICH SCHRIEB KEINE KARTEN

Der Versuch, das vierte und fünfte Semester des Studiums zu bewältigen, plötzlich schon im dritten und letzten Praktikum – wieder bei der Opferentschädigung – zu sitzen, mit einer Bachelorarbeit im Nacken und dem Versuch, als junger Mensch einen Alltag aufzubauen und zu gestalten, war ich gut von mir selbst abgelenkt. Dass ich mit großen Schritten auf einen Beruf zuging, den ich so nie für mich selbst angedacht oder ausgesucht hätte, dass ich in dieser vermaledeiten Stadt Hamburg auch nach Jahren nicht heimisch oder «angekommen» war, Freunde sich, weil sie mich nicht mehr wiedererkannten, von mir abwandten, meine Beziehung mit jedem Feiertag und «das macht man als Ehepaar so» etwas von ihrem Innersten verlor? Das verdrängte ich bei materialistischen Ausbrüchen in Mode- und Kosmetik-Geschäften und mit jeder Menge Alkohol. Was ich innerlich aufgab zu polieren, glänzte von außen betrachtet funkelstrahlend. Unsere Wohnung war Social-Media-tauglich, mein Kosmetikfach erstreckte sich über sehr, sehr viele Schubladen, Schachteln und Boxen, die Kleidung auf meiner Seite des Kleiderschranks übernahm die Seite des Ehemanns und die Schubladen unter dem Bett gleich mit.

Das Geld, das ich mit dem dualen Studium verdiente, war jeden Monat aufgebraucht. Sogar ein wenig mehr als das. Es war nicht wirklich weg, es hing jetzt auf Kleiderstangen und in roten Nuancen auf meinen Lippen, in Form von geglätteten Haaren von meinem Kopf. Und es löste sich in Wein und Wodka auf, die Freund*innen und ich nach Shopping-Streifzügen, auf Balkonen, im Schwimmbad, in Parks und in Restaurants tranken.

Ich bin schon als Jugendliche für einen introvertierten Menschen erstaunlich viel ausgegangen. Ich habe dabei meist erstaunlich viel getrunken. Nicht weil mir Alkohol sonderlich schmeckte und ich Fan vom Berauschen war, sondern weil ich mich die meiste Zeit unter so vielen Menschen und mit so vielen Eindrücken schlicht überfordert fühlte. Alkohol lindert diese Überforderung. Und auch die mit dem eigenen Leben. Eine Lösung bietet er nicht. (Ich trinke auch heute noch Alkohol, das soll nicht der Punkt sein. Auch nicht der, dass Alkohol in der heutigen Gesellschaft aus Effizienzgründen gemieden wird, weil man durch seinen Konsum weniger leistungsfähig und selbstoptimierter sein könnte.) Der Punkt ist, ich trank, um zu vergessen, in welch ein Leben ich mich wissentlich und willentlich manövriert hatte. Weil ich aber weder die Ursachen verstehen, noch nach Lösungen suchen wollte – so schlimm war es ja nun auch nicht –, tauchte ich immer tiefer in ein oberflächliches und materielles Leben ein, in dem ich mit Nebenkriegsschauplätzen wie im Minus stehenden Konten, dem nicht ergatterten Mantel, einer verpatzten Geburtstagsüberraschung, erschreckenden Träumen und allerhand anderen Unwichtigem beschäftig war. Und ich musste beschäftigt sein. Ich brauchte diese Aufregung in meinem Leben. Selbst die Dramen, die mir ungesunde Freundschaften verlässlich in den unstrukturierten Alltag brachten. Ich schaffte es nicht, mir in meinem Leben als Anfang Zwanzigjährige Routinen und Gewohnheiten aufzubauen. Alles, was gewöhnlich und eben alltäglich war, wehrte ich unbewusst ab. Bloß kein Stillstand, auf keinen Fall innehalten oder gar umdrehen. Da warteten nur Reue und Schuld und Scham und Schande. Das fühlte ich, wenn ich zu viel von dem getrunken hatte, was sonst Linderung in die nie stillstehenden Gedanken brachte.

Ich bestand meinen Bachelor mit der Note 2,47 und damit immerhin innerhalb der Grenze, die mich zu einem eventuellen Master befähigt hätte – wenn ich mich denn wieder zu einem Studium, das nicht meinen Interessen entspricht, hätte durchringen können. Trotz hoher Fehlzeiten, die nach der Woche bei meiner Mutter im zweiten Praktikum stark zugenommen hatten, und obwohl ich nach zwei verpatzten schriftlichen Klausuren in die mündliche Prüfung musste, hatte ich es geschafft: Das Studium, das vor drei Jahren noch die Lösung all meiner Probleme zu sein schien, war bestanden, und nicht nur das, ich hatte sogar einen Anschlussjob.

Ich wurde verbeamtet, finanziell und was die Arbeitsplatzsicherheit anging, hatte ich also beste Aussichten. Aber die große Freude, die blieb, wie zu erwarten, aus. Mit dem Beamtenstatus fühlte ich mich nie recht wohl. Verbeamtet zu sein, in einer Behörde zu sitzen, auf einem vorgefertigten Beförderungsweg zu wandeln, nach Anwesenheit und nicht nach meiner stets guten Leistung bezahlt zu werden, erschien mir, insbesondere als ich die Mitteilung über meinen Eintritt in das Pensionsalter erhielt (in 43 Jahren), nicht besonders attraktiv.

Ich kämpfte mit regelmäßigen Kopf- und Rückenschmerzen, häufigen Erkältungen, üblen Launen und Traurigkeit, die ich wieder und wieder versuchte auszublenden. Ich wollte nicht unglücklich sein. Es musste doch einen Weg zu «Alles super, danke der Nachfrage» geben! In dem goldenen Käfig, den ich mir gebaut hatte, schloss sich langsam die Tür.

Immerhin: Ich hatte dieses Studium durchgezogen, egal wie schrecklich ich es fand und welch großen Bemühungen ich hatte unternehmen müssen, um mir den trockenen Stoff in das Gehirn zu pressen. Den Erwartungen meiner Mutter war ich gerecht geworden. Und: Mit meinen Kollegen lief es gut. Ich hatte zumindest keine Schwierigkeiten, mich einzufügen. Es war mir gelungen, mich anzupassen und nur die Dinge von mir preiszugeben, die sozialadäquat waren, sodass Menschen, die neu in mein Leben traten, mich tatsächlich mochten. Ich stand entgegen meiner inneren Uhr zeitig auf, um wie meine Kolleg*innen früh am Morgen im Büro zu sitzen, ich verbrachte gemeinsame Mittagspausen, obwohl ich wusste, dass mir das Energie und Fokus raubt. Ich benahm mich teamfähig, wohl wissend, dass ich diese Eigenschaft in einem Bewerbungsgespräch eigentlich verneinen müsste. Ich engagierte mich in Arbeitskreisen und für Themen, die mir eigentlich völlig egal waren, nur deshalb, weil sie mir halfen, mich in das soziale Konstrukt einzufügen. Ich gab mir redlich Mühe, in allen Punkten über mich hinaus zu wachsen und die beste Version meiner selbst zu werden.

Die Menschen um mich herum meisterten ihre Vierzig-Stunden-Woche, rissen zusätzlich Überstunden ab und hatten trotzdem noch ein Leben, weil sie morgens früh aufstanden und die Zeit nach der Arbeit mit Freude und Freunden füllten. Ich hatte im Gegensatz dazu das Gefühl, dass die Arbeit mein Leben füllte. Ich mochte das Geld, das ich nun endlich ausreichend hatte – aber nicht, was ich tun musste, um es zu verdienen. Ich tat mich schwer mit vierzig Arbeitsstunden plus Pausen, knapp dreißig Urlaubstagen und festen Arbeitszeiten.

Kam dieses dumpfe Bauchgefühl auf, das mir sagte, ich müsste mich einfach nur bemühen, tat ich das und strengte mich noch mehr an. Ich versuchte, nach Optionen zu suchen, mich einerseits in dieses Leben, das nicht meines war, einzufügen, und gleichzeitig genug daraus hervorzustechen, damit ich mit dem Rücken an der grauen Wand nicht unterging. Ich stellte mir selbst meine eigenen Bedürfnisse in Abrede und hörte weiterhin nicht auf das Stimmengewirr in meinem Kopf, wenn ich mit melancholischer Musik in meinem ersten Auto, das ich mir nach dem Studium gekauft hatte, nach Hause fuhr. Ich ignorierte, dass dieses Leben am weitesten von dem entfernt war, das ich mir für mich ausgemalt hatte und bei dem ich alle Ausfahrten, die mit leuchtenden Schildern geblinkt hatten, verpasst hatte. Stoisch blieb ich weiter auf dem Weg.

Ich frühstückte entgegen aller Hoffnung und Erwartung, die ich in meine Zukunft gelegt hatte, nicht zu Hause. Ich hatte keine Zeit für einen kurzen Plausch mit Nachbarn, nicht einmal ausreichend für Freunde oder mich. Ich las nicht in bequemen Sesseln zu viele Bücher und ließ mich nicht durch kleine Gassen treiben, in denen ich hier und dort einkehrte und immer Zeit für einen Kakao fand. Ich war in keinem kreativen Beruf gelandet, in dem ich frei und unabhängig und mit Freude arbeitete. Ich schrieb auch keine Bücher. Ich schrieb keine Karten. Ich mochte mich nicht gern im Spiegel ansehen. Ich mochte mir nicht einmal zuhören. Und auch nicht mit mir sprechen. Ich war nicht glücklich. Ich hatte mich unbewusst von meinen Lebensträumen verabschiedet und in einem bequemen Leben, dessen Preis Zweifel waren, Platz genommen. Ich war alles für alle anderen und rein gar nichts mehr für mich selbst.

Also begann ich damit, mir neben der Arbeit einen Ausgleich zu suchen, um etwas zu finden, das mich erfüllt. Ich versuchte es mit dem Basteln. Die Freude über verzierte Buchstaben, selbstgestaltete Adventskalender und auch die Überlegung, zur Näh-maschine zu greifen, währte nur kurz. Schon im Kindergarten war diese Form von schaffender Kreativität an mir vorbeigegangen. Ich kaufte mir das erwähnte erste eigene Auto, um nicht Bahn fahren zu müssen, und eben weil ein eigenes Auto mir selbst noch einmal zeigte, dass ich es mir leisten *konnte*. Ich lief mehrmals in der Woche Strecken von mindestens sieben Kilometern, drillte meine Laufzeit auf fünf Minuten pro Kilometer. Nebenher rich-tete ich die Wohnung neu ein, versuchte es kurzfristig mit einer Katze. Ich stellte meine Beziehung in Frage und auf die Probe. Ich begann sehr viel zu reisen. Doch keiner der Versuche, diesem selbstgewählten Alltag zu entkommen, füllte die Leere in mir. Ich fand nichts, um das Loch in meiner Brust zu stopfen.

VON HIER AUS NICHT MEHR VIEL WEITER

Dann wagte ich mich doch an einen Gedanken heran, den ich bisher unter dem Erwartungsdruck nicht zu denken gewagt hatte: Ich stellte meine Arbeit in Frage und ihren Nutzen. Ich traute mich darüber nachzudenken, ob das denn nun wirklich der Weg war, den ich mir beruflich für mein Leben gewünscht hatte. Immerhin verbachte ich ein Drittel des Tages mit ihr und neigte dazu, mich selbst über meinen Job zu definieren.

Zaghaft und ein bisschen ungläubig, etwas zittrig davon, dieses große, selbstauferlegte Denkverbot doch anzutasten, stellte ich fest, dass mir in der Tat die Identifikation mit meiner Arbeit sehr wichtig war, generell mit allem, was ich tat und in das ich Zeit und Energie investierte.

Als ich erst einmal damit angefangen hatte, mir meine eigene berufliche Situation nicht mehr schönzureden, sondern sie endlich realistisch zu betrachten, wie den Film eines anderen Lebens, das ganz sicher nicht meins sein sollte, war es schockierend einfach, die Dinge klar zu sehen. Umso schwerer war es aber, eine konkrete Lösung zu finden. Das Problem erschien mir mit dem Aufgeben meiner Arbeit, des Beamtenstatus, dem Studienziel und all den anderen Privilegien, aber auch unter der Prämisse der so oft vorgeworfenen Wankelmütigkeit so monströs und schon gedanklich so komplex, dass mir zwar viele Ansätze einfielen, aber ich mich gefühlt keinen Zentimeter vorwärtsbewegen konnte, weil ich die negativen Konsequenzen fürchtete.

Also konzentrierte ich mich auf das, was ich konnte und was stets geblieben war: Bücher und Texte, das gesprochene und geschriebene Wort. Ich las wieder mehr in meiner Freizeit, ich schrieb einfach für mich. Als Leistungsmensch bezog ich das aufs Berufliche und überlegte, wie ich den Traum, «Autorin» zu werden, angehen könnte, der als einziger Wunsch konstant bei mir geblieben war. Für später einmal, wenn ich wirklich etwas zu erzählen hätte und meine Schreibe perfektioniert hätte. Eben wenn ich älter wäre.

Rückblickend frage ich mich, wie ich so blind hatte sein können, einen Beruf nicht nach meinen Fähigkeiten, sondern nach den Sicherheitsbedürfnissen meiner Mutter, der Berufswahl meiner Mitschüler*innen und gesellschaftlichen Trends auszuwählen. Und ich dachte daran, wie sehr Schreiben und Lesen mich schon immer geprägt hatten. In meiner Jugend und während der ersten großen emotionalen Schwierigkeiten, Stichwort: Dramen der ersten Liebe, begann ich schon abseits der Schule zu schreiben: Briefe, Tagebuch und prosaische Texte. Teilweise erreichten die Briefe auch ihre Adressaten, ihr eigentlicher Sinn lag aber darin, mir die Tränen versiegen zu lassen. Ich griff zu Stift und Papier, wenn ich Gedanken unbedingt konservieren wollte. Wenn ich die Gefühle niederschrieb, waren sie da, selbst wenn sie aus meinem Kopf oder meiner Erinnerung gingen. Sie standen eben irgendwo, und ich wusste, dass nichts und niemand für immer verloren ist. Ich musste nur nachlesen, und alles war, so wie sonst in meinen Erinnerungen, sofort präsent.

Als Jugendliche schrieb ich für die Tageszeitung meiner Kleinstadt, arbeitete an der Abi-Zeitung mit. Beim Berufseignungstest war mir eine Ausbildung zur Bibliothekarin oder einem ähnlichen bibliophilen Beruf nahegelegt worden.

Genug literarische Vorbilder gab es immer, im Haus meiner Großeltern existierte ein ganzes Zimmer, in dem die Bücher wie in einer Bibliothek aufgereiht in hohen Regalen neben einem kuscheligen Sofa und mit Aussicht auf den Garten und die Felder standen. Kein Raum in diesem Haus hat mich mehr fasziniert als dieser. Der Gedanke, dass meine Großeltern all diese Bücher gelesen hatten und dieses Wissen in ihre Köpfe übergegangen war, machte mich ehrfürchtig, stolz und neugierig. Sollte ich jemals zu Günther Jauchs Quiz-Show «Wer wird Millionär?» kommen, würden die beiden zwei der Telefonjoker werden, da war ich damals schon sicher.

Ich bewunderte nicht nur, wie viel, sondern vor allem, wie meine Großeltern lasen. Für sie war es ganz normal, sich mittags mit einem Buch auf das Sofa zu legen und etwas zu lesen, Abende mit Büchern zu verbringen und sich zwischendurch über die jeweiligen Geschichten bei einem Glas Wein und klassischer Musik auszutauschen. Auch Käse oder Oliven stehen in diesen Erinnerungen auf dem Wohnzimmertisch.

Beim Lesen vergaßen Oma und Opa die Zeit und ihren von der Selbständigkeit mit einem Gartenbaubetrieb gefüllten Alltag. Ich lernte, mit ihnen Zeit und Raum zu vergessen, und schaffte mir schon in jungen Jahren mit Büchern mein ganz eigenes Umfeld. In meinem Kopf erschuf ich eine phantastische Welt, in der mein Gehirn entspannte und meine Kreativität Menschen, Orten und Details Gestalt gab. Wenn ich las, war mein Leben schön und fühlte sich, unabhängig davon, wo ich mich befand, nach dem Wohnzimmer meiner Großeltern an.

Mit dem Eingeständnis, mich beruflich verrannt zu haben, nahmen meine Traurigkeit und das Grübeln über das Hochregallager meiner Sorgen zu. An manchen Tagen fühlte ich mich so überwältigt von der Ausweglosigkeit meiner Situation, dass mir schon das Aufstehen schwerfiel. In jedem Fall und immer war es aber das Zu-Bett-Gehen, das mir Probleme bereitete. Das Arbeiten sowieso und Freizeit zu haben ebenfalls, denn die hatte ich, da ich ja zuvor keine ausreichende Leistung erbracht hatte, nicht verdient. Ich war hochangespannt und untersättigt davon, dass sich keine neue Begeisterung und damit kein neues Ziel einstellte, aber übersättigt von mir und diesem sich ewig anfühlenden falschen Weg. Meine Gedanken wurden fahriger, und meine Emotionen konnte ich immer schwerer greifen. Ich wurde unkontrolliert wütend, reagierte wahnsinnig emotional und wusste nicht, wohin mit diesen Gefühlsausbrüchen.

Seit dem Weggang aus meiner Heimatstadt hatte ich nicht mehr geschrieben, und nun, nach fünf Jahren, fing ich endlich wieder damit an. All die anderen Beschäftigungen außer Acht lassend – beim Basteln lassen sich auch wirklich schwer Wut und Angst kanalisieren, ohne dass die Schere zum gemeingefährlichen Gegenstand wird –, nahm ich jetzt nicht mehr den Stift, aber meinen Laptop zur Hand und begann, aus Buchstaben Worte für meine schlimmsten Gedanken werden zu lassen. Damit niemand von ihnen erfuhr und sie gegen mich verwenden konnte, lagen die Texte passwortgesichert in einem anonymen Internet-Blog. Auf diese Weise hatte ich sie irgendwie der Welt gesagt und konnte ihre Verbreitung trotzdem kontrollieren. Dass ich sie selbst mit diesem Schweigen ja bereits gegen mich richtete und niemandem die Möglichkeit gab, mir zuzuhören, mich zu verstehen und eine helfende Hand zu reichen, blendete ich aus.

Es gab also diesen Ort im Internet, wo all meine Gedanken lagen und liegen konnten, bis ich sie mal wieder brauchen würde.

Dass ich wieder schrieb, war gut, brachte mich jedoch meinem insgeheim und nie laut formulierten Wunsch, Autorin zu werden, keinen Zentimeter näher. Ich wusste, der Weg zur erfolgreichen Autorin war lang, für gewöhnlich wenig sicher und in der Regel nicht mit finanzieller Sorglosigkeit gesegnet. Und doch, ich nahm meinen Mut zusammen und bewarb mich als freie Autorin bei unterschiedlichsten On- und Offline-Zeitungen und -Magazinen, um einen Anfang zu machen, mit dem ich Erfahrungen und Kritik sammeln könnte, um mich zu verbessern. Ich fand tatsächlich ein digitales Stadtmagazin, das sich gerade im Aufbau befand und deshalb noch keinen Wert auf eine fundierte journalistische Ausbildung und Expertise legte, sondern Quereinsteiger, die Talent, Motivation und Begeisterung für die Stadt Hamburg mitbrachten, begrüßte.

Es war die Trostlosigkeit meines bisher komplett durchgeplanten Lebens, die mich handeln und schreiben ließ.

ALLE, DIE (EXZESSIV) REISEN, SIND SO WAS VON VERLOREN

Ich fing also an, parallel zu meiner Vollzeitanstellung, zunächst über anstehende Theateraufführungen, Partys und Events zu schreiben. Aber ich wusste, ich will mehr. Ich will mehr von meinem Leben. Also begann ich mit dem Reisen, in dem meine Generation und wohl auch ich den Heiligen Gral der Selbstfindung und -verwirklichung vermuten. Mal allein, mal mit Mann oder Freund*innen. Reiste ich anfangs noch nach London, Rom und Venedig, erweiterte ich die Ziele schnell um entferntere Länder und/oder kulturelle Herausforderungen. Ich katapultierte mich bewusst aus meiner engen Komfortzone hinaus, weil ich nach jedem neuen Ort mit mehr Willen und Wollen zurückkehrte. Wir machten einen Roadtrip durch Marokko, ich verbrachte einige Wochen in New York, Florida, Venedig, Kopenhagen und Schottland. Es war, als würde die Zurückhaltung der letzten Jahre mit jeder Reise mehr und mehr Abenteuerlust weichen. Alles, was mir erlaubte, meinem Leben zu entfliehen, nutzte ich. Jeder Urlaubstag wurde wirklich zu Urlaub gemacht. Urlaub zu nehmen, um dann zu Hause auf dem Sofa zu sitzen? Kam nicht in Frage. Die Antworten auf all meine Fragen lagen sicherlich irgendwo in der Welt verborgen. All das Geld, auf das ich mich so gefreut hatte und das eine Zeitlang oberflächlichen und materiellen Gütern zum Opfer gefallen war, wurde nun in Reisen an fremde Orte investiert.

Mit jedem Flugzeug, das ich bestieg, mit jedem schnellen Start wurde mein Leben langsamer, mit dem Abheben meine Probleme unbedeutender und mit dem Gefühl, das die Luftlöcher in meinem Bauch verursachten, kehrte Aufregung in mein Leben zurück. Reisen verschaffte mir die Weitsicht, die mir sonst in meinem Leben fehlte. Die Probleme, die mir unendlich groß erschienen, waren hier nicht nur unwichtig, sie erschienen in einem anderen Licht.

Nicht alle, die reisen, sind verloren und auf der Suche – natürlich nicht. Aber ich, ich war so was von auf der Suche; ich wollte nur noch reisen, aufsaugen und genießen und dann davon berichten. Ich wollte meine Erfahrungen und dieses Glücksgefühl, das mich hoffentlich als Endstation erwartete, teilen. Reisen erschien mir als sinnvoller Lebensinhalt, um immer nur nach vorn und nie zurück zu blicken, keine Situation und Emotion dauerhaft aushalten zu müssen und nie ernsthafte Nähe und Konsequenzen fürchten zu müssen. Mein Fluchtinstinkt fühlte sich sicher.

Ich schlug dem Stadtmagazin vor, die Reisesparte auszubauen und mich als Autorin für diesen Bereich einzusetzen. Es lagen genug Reisen hinter und auch noch vor mir, dass es mir leicht erschien, sie schriftlich und bildlich aufzuarbeiten. Parallel zu der neuen Herausforderung, lange und stimmige Reisereportagen zu schreiben, überlegte ich mir, einen Reiseblog zu starten. So könnte ich noch mehr schreiben und meinen Reiseeindrücken eine größere Plattform bieten, die mit der Zeit wachsen und mir irgendwann vielleicht sogar den Lebensunterhalt sichern, in jedem Fall aber als Portfolio dienen könnte. Das lag allerdings noch in sehr, sehr weiter Zukunft und stand auch gar nicht in meinem Fokus. Der war ganz darauf ausgerichtet, so viel wie möglich zu reisen und zu schreiben. Eintauchen, auftauchen, andere mitreißen.

Im Februar 2015 startete ich also meinen kleinen Reiseblog mit dem Namen «mariameetsanna», bei dem niemand so richtig verstand, wer Maria und wer Anna war und wo die sich nun trafen. Symbolisch stand diese Überschrift natürlich für die Gegensätze in mir, von denen ich dachte, ich müsste mich eines Tages für eine Seite entscheiden: Nämlich für die ruhige und gelassene, die das innere Chaos ihrer Gegenspielerin endlich hinter sich lässt. Das Chaos, das, je mehr ich versuchte, es zu zähmen und einzufangen, umso mehr Verwirrung in mir auslöste.

Auf diesem Reiseblog schrieb ich also über meine Reisen und – wie es der Titel ahnen ließ – vor allem über das, was sie in mir auslösten. Die wöchentliche Anzahl für Blogartikel legte ich mit drei fest. Drei Artikel, die geschrieben, redigiert, bebildert, bearbeitet und gelayoutet werden wollten. Wenn es um Arbeit ging, fand ich wie immer kein Maß und gerade jetzt, wo mich erstmals wieder etwas erfüllte, keine Grenze. Meine Begeisterungsfähigkeit war erneut entfacht, ich hatte etwas, mit dem ich mich beschäftigen, bei dem ich das Tempo erhöhen konnte.

Das Pensum, das ich in meiner Vollzeitanstellung in einem Job mit emotionalen Herausforderungen zu erfüllen hatte, meine Arbeit als Autorin für das digitale Stadtmagazin und die Arbeit für den Blog inklusive der Reisen, die alle freien Tage einnahmen, sorgten dafür, dass ich häufig nicht mehr nur schlecht ein-, sondern auch nicht mehr durchschlafen konnte. Oder überhaupt schlafen. Zumal ich mir an Tagen, an denen ich meinem selbstauferlegten Arbeitspensum nicht gerecht wurde, keine Ruhe gab, ehe nicht doch alles abgearbeitet war. Notfalls bis in die Nacht, die stetig kürzer wurde. Statt acht Stunden mussten sechs, immer öfter vier Stunden Schlaf ausreichen. Kein Wunder, dass ich immer häufiger zu erschöpft war, um zur Arbeit zu gehen, und mich krankschreiben lassen musste, weil mein Körper als Warnzeichen allerlei Krankheiten aufbot. Meine Fehlzeiten stiegen, sodass ich in jedem Jahr meiner dreijährigen Festanstellung einen Brief erhielt, in dem mich das betriebliche Gesundheitsmanagement fragte, ob sie mir behilflich sein könnten, meine gesundheitliche und berufliche Lage am Arbeitsplatz zu verbessern.

Auf jeden Fall! Es wäre super, wenn ich ungefähr die Hälfte arbeiten müsste, aber das gleiche Gehalt bekäme. Alternativ würde ich gern im Pressebereich der Stadt arbeiten. Aber wenn Sie schon so direkt fragen, würde ich hier am liebsten gar nicht mehr arbeiten. Aber so geht es doch jedem irgendwie, oder? Es ist eben

Arbeit. Und Arbeit ist hart, und wenn man Glück hat, dann ist man vielleicht auch mal erfolgreich. Tolle Jobs, nun, die gibt es, aber nicht für mich und das gewöhnliche Volk. Hierfür braucht es Geld und Beziehungen, und beides kann ich gerade nicht vorweisen. Also, danke, nein, eigentlich können Sie nichts tun, außer mir im nächsten Jahr einen neuen Brief zu schreiben. Vielleicht habe ich bis dahin ja eine Lösung gefunden. Und falls nicht, nun, wir lesen ja voneinander.

Ich war zu diesem Zeitpunkt übrigens tatsächlich immer noch der Vorstellung erlegen, ich könnte eine Lösung für all das finden. Also eine, mit der ich reisen, schreiben und weiter in der Verbeamtung bleiben könnte. Ich strebte immer noch einen Mittelweg an, mit dem ich es allen recht machen könnte. Pressestellen waren rar gesät, aber ich gab die Hoffnung nicht auf, eines Tages eine ergattern zu können. Dann könnte ich in Teilzeit gehen und nebenher reisen und frei schreiben. Das klang für mich nach einem Kompromiss, der nicht mehr nur andere, sondern auch meine eigenen Interessen miteinbezog.

Hier und jetzt aber saß ich verzweifelt und getrieben vor meinem Laptop und las mich durch das Internet, um auf Lösungen für meine Situation zu kommen, die mich zunehmend mehr meiner Gesundheit beraubte. Ich hatte nach dem Studium eine Migräne entwickelt, war wegen ständiger Rückenschmerzen in physiotherapeutischer Behandlung, nahm zwei Grippen und vier Erkältungen pro Jahr mit; frühjährliche und herbstliche Blasenentzündungen nicht zu vergessen. Mein Gedanke war derselbe wie schon mit 17 in meinem gelb gestrichenen Jugendzimmer: Ich bin bestimmt nicht der erste Mensch, dem es so geht. Das hat sicherlich schon mal jemand durchgemacht und beschrieben. Und so fand ich, eher durch einen enormen Zufall, die orts- und zeitunabhängige Selbständigkeit als Einzelperson. Ich kannte bisher nur die klassische Form der Selbständigkeit mit Handwerksbetrieb oder einem Gartenbaubetrieb, wie dem meiner Großeltern, einem Restaurant. Nicht aber die der Freelancer*innen und Künstler*innen, der Schaffenden. Im familiären und freundschaftlichen, gerade im kleinstädtischen Umfeld, aus dem ich komme, hatte ich damit zuvor keine wirklichen Berührungspunkte gehabt. Ich hielt gerade die Möglichkeit, mir meine Arbeit frei einteilen und ihr von überall aus nachgehen zu können, für sehr, sehr erstrebenswert. Und dann schloss ich den Tab und fuhr den Rechner runter. Denn ich, ich kann das nicht.

Es erschien mir unmöglich, mir ein solch privilegiertes Ziel zu setzen und den Glauben zu entwickeln, den es braucht, um es auch zu erreichen. Aber ich verbrachte zunehmend mehr und immer wieder Zeit damit, mir diesen Lebensstil der sogenannten digitalen Nomaden, wie man die Menschen mit dieser Arbeitsweise, die obendrein ihre flexible Orts- und Zeiteinteilung nutzten, um zu reisen, anzusehen. Ich klickte immer wieder auf Blogs und las bald weniger über die Reisen der anderen und mehr über ihr Wie. Wie war ihr Lebenslauf? Wie hatten sie diese Voraussetzungen geschaffen? Wie sind sie diese Art des Arbeitens angegangen, und wie haben sie sie umgesetzt? Wie war ihr Weg bis zu ihrem heutigen Erfolg? Denn orts- und zeitunabhängig selbständig und damit frei von Arbeitszeiten, Besprechungen und Arbeitskreisen zu sein, von Doppelbüros und grauen Wänden und Tischen, von schlechtem Wetter und Alltag, regulierten Urlaubstagen und stetigen Anpassungen, das hörte sich zu gut an, um wahr zu sein. Andererseits fühlte sich das, was ich gerade lebte, aber auch zu schlecht an, um dauerhaft damit weiterzumachen.

Ich fühlte regelmäßig und kontinuierlich in meinen Vorstellungen von einem zukünftigen Leben vor und fand mich immer häufiger gedanklich und das theoretische Wissen aufsaugend in einer solchen Welt wieder. Was wäre, wenn? Wenn ich mit meinem Reiseblog ein Teilzeiteinkommen bestreiten und in der Behörde nur noch 20 Stunden arbeiten würde? Oder wenn ich nur 20 Stunden in der Behörde arbeite und irgendetwas nebenher mache, das ich frei gestalten kann? Wenn ich mehr reisen und gleichzeitig schreiben könnte? Gut wäre das.

Im Frühjahr dieses Jahres verstarb mein Opa, der eine der wenigen männlichen Bezugspersonen in meinem Leben war, nach einer wiedergekehrten, kurzen und schweren Krebserkrankung.

Mein Mann sagt, dass es rückblickend der Punkt war, ab dem er endgültig keinen Zugang mehr zu meinen Gedanken und meinem unstillbaren inneren Antrieb zur Leistung fand. Ich hatte keine Zeit mehr für uns oder ihn. Unsere Beziehung geriet in eine erhebliche Schieflage, in der wir uns entschlossen, für einige Monate getrennt zu leben. Ich entschied das, um meinen Weg zum «Dann-glücklich-Sein» noch effizienter gehen zu können, ohne mich auf die Bedürfnisse eines anderen Menschen einstellen zu müssen und um ganz frei zu sein bei einem Leben, für das ich mir gerade eine neue Rolle ausmalte. Wie Menschen das tun, die sehr unglücklich mit sich selbst sind.

Im August bewarb ich mich bei dem Stadtmagazin, für das ich als freie Autorin schrieb, auf die offene Redakteursstelle und war ab September, zusätzlich zu meiner Festanstellung bei der Behörde, Teilzeitredakteurin.

Am 4. Oktober brach ich mit einem Burnout zusammen.

KAPITEL 5:

Stress

Meine persönliche Prägung ist ein sehr individueller Auslöser für meine späteren Muster und Strategien, die letztlich zu meinem sehr frühen Burnout mit 25 beigetragen haben. Auch mein emotional belastendes und zu hohes Arbeitspensum unterscheidet sich gewiss von anderen Betroffenen, die möglicherweise an ähnlichen oder auch ganz anderen beruflichen Herausforderungen gescheitert sind. Was uns sensible Menschen aber eint, ist ein uns morgens schon weckender, alles bestimmender und immer mit einem leichten Herzrasen und Antrieb auslösenden Gefühl einhergehender Zustand: Stress.

OPTIMIERE DICH SELBST!

Das Wetteifern nach Aufmerksamkeit, angetrieben durch das Prinzip «Leistung gegen Liebe» ist keines, bei dem nur ich mitmache. In meiner Generation, die sich privilegiert schätzen kann, in Frieden, Sicherheit und – am weltweiten Standard gemessen – in Reichtum aufzuwachsen, ist es eher eine sehr gängige Ursache für das Ignorieren der eigenen Grenzen und Bedürfnisse. Von der Gesellschaft, von unseren Eltern und unserem sozialen Umfeld wurde uns sowohl unbewusst, als auch vorsätzlich injiziert, dass *alles* für uns möglich ist, wenn wir nur hart genug dafür arbeiten. Entscheidungen zu treffen ist dabei bekanntlich der an Möglichkeiten begangene Massenmord, und so wird sich für *nichts* entschieden.

Das hat zur Folge, dass viele Angehörige dieser Generation dem Leistungsgedanken ihrer Eltern nachlaufen, den diese nutzten, um sich in einer weniger wohlständigen Gesellschaft ihr Stück vom Erfolgskuchen zu sichern. Wir wollen uns damit hingegen ihre Anerkennung und Liebe sichern – die wir allerdings nicht ausreichend bekamen, weil unsere Eltern in ihrem Bestreben, uns finanzielle Sicherheit zu ermöglichen, selbst viel arbeiteten und zeitlich und emotional oft zu wenig verfügbar waren.

Wir wollen uns ihrer Liebe versichern und der von Freund*innen, Partner*innen, in einer vernetzten und digitalen Welt – von allen, mit denen wir in Kontakt stehen. Je transparenter unsere Leben werden, umso weniger geben wir wirklich von uns preis. Ich rede dabei nicht von E-Mail-Adressen und Bestelllisten oder Geburtsdaten, die bei so ziemlich jedem Datenanbieter von uns freiwillig hinterlegt worden sind. Ich meine die Gedanken und Gefühle, die uns wirklich ausmachen.

Um dieser inneren und äußeren permanenten Forderung nach Leistung nachkommen zu können, muss optimiert werden: der Arbeitsplatz, die Wohnung, aber vor allem der eigene Körper und Geist. Persönlichkeitsentwicklung ist der neu gewachsene Kopf der spätkapitalistischen Medusa. Wer etwas auf sich hält und erreichen will, der frisiert die eigene Persönlichkeit. Wer das nicht tut, ist nicht willig. Vergessen wird dabei: Wer (mental) nicht gesund ist, ist dazu schlicht nicht in der Lage. Strukturelle Probleme unserer kapitalistischen Gesellschaft werden zu ihrer Lösung einfach dem Individuum übertragen. Jede*r Einzelne wird angetrieben, sich in allen Lebensbereichen effizient und optimiert aufzustellen. Das mündet letztlich in einen Wellness-Markt, dessen Umsatz zwei Milliarden Dollar pro Jahr[13] beträgt.

Carl Cederström und André Spicer berichten in ihrem äußerst empfehlenswerten Buch *Das Wellness-Syndrom: Die Glücksdok-*

trin und der perfekte Mensch, dass nicht nur Coaches und Berater, auch Firmen selbst, Krankenkassen, Apps und andere mit Angeboten locken, die sich gut anfühlen und gesund machen sollen. Neben dem anstehenden Arbeitspensum soll sich die/der erfolgreiche Arbeiter*in und Mensch von heute auch privat weiter für den beruflichen Erfolg optimieren. Mit Sport und Meditation, Yoga und Waldbaden. Exzessives Feiern wirkt sich nicht gut auf das Ansehen aus. Wer raucht, wer feiert, sich betrinkt, wer sorglos Fast Food in sich hineinschaufelt, dem wird nicht zugetraut, für den Erfolg des Unternehmens dienlich sein zu können. Das Private ist beruflich.

GESUND IST DAS NEUE 90-60-90

Und zu diesem Privaten gehört auch unserer Körper und der Druck, ihn schön, schlank, sportlich und gesund zu halten.

Dabei muss man sich vor Augen führen, was unser Körper täglich für uns leistet. Einfach so. Ich bin jedenfalls nachhaltig begeistert von der Meisterleistung, die mein Körper jeden Tag, jede Stunde, Minute, Sekunde und Millisekunde und bis ans Ende meines Lebens vollbringt. Nehmen wir nur mal unser Herz, um uns einen Bruchteil dieser Meisterleistung zu vergegenwärtigen: Öffne und schließe ich meine Hand eine Minute lang mit einer kräftigen Pumpbewegung, tut die Hand schon nach kurzer Zeit irre weh. Das Herz macht diese Bewegung ständig, nicht nur in diesem Moment. Und wir bekommen nichts davon mit, außer, dass wir eben am Leben sind.

Meine Begeisterung für mein Herz begann, als ich mit Pfeiffer'schem Drüsenfieber einen Termin zum Herz-Ultraschall hatte. Weil man mit dieser Erkrankung über Wochen zu kämpfen hat und sie damit das Herz belasten kann, wird nach der Genesung ein Routinecheck gemacht. Zu diesem Termin lag ich um kurz nach 7 Uhr am Morgen, als es draußen noch dunkel war, im Behandlungszimmer und wurde im Brust- und Rückenbereich verkabelt. Als die Saugnäpfe für das EKG angebracht waren, hat der Arzt das Ultraschallgerät auf meine Brust gelegt und nach dem Herzen gesucht. Ich dachte nicht, dass mich das sonderlich beeindrucken würde, weil ich meine Organe bei der jährlichen Ultraschall-Untersuchung des Frauenarztes auf einem Monitor sehe.

Das hier aber war mein Herz. Mein Herz! Ich sah es nicht nur gleichmäßig schlagen, ich hörte es auch. Völlig regungslos starrte ich auf den Monitor und hörte den pochenden Klang. Vor Ehrfurcht lief mir eine Träne über die Wange. Mein Herz machte mich emotional. Genau wie der Gedanke, dass dieses Organ täglich alles gibt, um mich am Leben zu erhalten, und ich ihm regelmäßig mit zu wenig Schlaf, zu wenig oder ungesunden Nahrungsmitteln und zu wenig Respekt, aber mit viel zu viel Zweifeln und körperlicher Ertüchtigung zusetzte.

Ich nahm mir mit diesem Tag vor, meinen Körper zu achten, anstatt ihn abzulehnen.

Ich war es gewohnt, mich zum Sport zu zwingen. Ich lief 15 Kilometer bei einem Laufevent, obwohl ich Antibiotika nahm. Ins Fitnessstudio ging ich nicht nur wegen meines ersten Freundes mehrmals in der Woche, sondern vor allem auch, weil ich schlank und schön und begehrenswert sein wollte. Das war mein Antrieb, um mich zu verausgaben. Mit dem Laufen begann ich ehrlicherweise, weil ich zu viel Zeit und Gedanken im Kopf hatte und die Vorstellung schön fand, fit und straff zu sein. Da für mich in der Schule der Dauerlauf die schlimmste Kategorie im Sportunterricht war, wählte ich diesen aus, um mir zu beweisen, zu welchen

Leistungen ich imstande sein könnte, wenn ich nur wollte. Außerdem hatte ich gelesen, dass Laufen die Ausdauersportart ist, bei der man am meisten Kalorien verbrennt. Gut gewählt in einer Zeit, in der ich mit Oberflächlichkeiten und Dramen versuchte, die Leere in meinem Leben zu stopfen.

Witzigerweise konnte ich mit Yoga, das ich heute als einzige Sportart regelmäßig, gern und für meine innere Ruhe ausübe, jahrelang nichts anfangen. Diese Ruhe, die Teil der Yoga-Praxis ist, war mir suspekt und wühlte mich auf. Ich aber brauchte mehr Aufregung in meinem Leben, um die in meinem Inneren zu übertrumpfen. Erst mit meinem dritten Versuch erkannte ich Yoga als für mich hilfreiche Möglichkeit, um den Kopf ruhen und den Körper auf ausgeglichene Art bewegen zu können – aber das sollte erst Jahre später und nach meinem Burnout sein. Dennoch praktizierte ich Yoga auch vorher. Allerdings, entgegen der Yoga-Philosophie, nicht auf meiner, sondern auf anderen Matten. Ich versuchte, noch gelenkiger und anmutiger zu werden als meine Mitstreiter*innen neben mir. Dass der Blick nach außen, auf andere, nicht die Intention von Yoga ist, sondern es vielmehr darum geht, eine innere Balance zu finden und den Fokus auf sich zu richten, verstand ich erst, nachdem ich viele andere Dinge begriffen hatte.

An diesem Tag, an dem ich mein Herz sah, nahm ich mir aber zumindest vor, meinen Körper nicht mehr abzustrafen. Und das war ein Anfang. Ich begann vor Spiegeln, in denen ich mich nun bewusster ansah, nicht auf meine Makel zu achten, sondern auf das, was mir schön erschien. Ich versuchte, mich möglichst oft und aus weiter entfernten Perspektiven zu betrachten, um diesem Anblick Normalität zu verleihen und einzelne Teile von mir nicht so sehr in den (kritischen) Blick zu nehmen. Mit ein wenig Abstand fielen mir Poren, Narben und Flecken auf der Haut gar nicht mehr so auf, sahen auch die Dellen an den Oberschenkeln gleich weniger schlimm aus. Es funktionierte. Mit der Zeit nahm ich mich selbst weniger kritisch wahr, wenn es mir auch immer noch schwerfiel, mich schön zu finden.

Wirklich schön und wohl fühlte ich mich erstmals im Frühjahr 2018. Es hat drei oder vier Jahre gedauert, bis ich vor einem Spiegel stehen konnte und mein Aussehen einfach als gegeben empfand, bis ich für ein Foto nicht mehr den Bauch einzog oder darauf achtete, wie ich sitze oder stehe. Ich hatte die gleichen knubbeligen Zehen, Knie und Dellen wie zuvor. Ich hatte wahrscheinlich sogar zugenommen. Meine Brüste sind in dieser Zeit nicht näher zueinander gewachsen, meine Arme sicherlich nicht schlanker, aber bestimmt stärker geworden. Meine Poren waren noch dieselben, genau wie meine Narben. Auch die Nase sah aus wie immer, selbst die Augenbrauen, die ich mir inzwischen nicht mehr mühsam und viel zu oft zupfte. Und dennoch hatte sich etwas Grundlegendes geändert: die Einstellung zu mir selbst. Ich fand mich schön. Und ich fühlte mich gesund – und damit sehr glücklich.

Ich hatte wie alle Frauen in der westlichen Welt mein Leben lang durch Magazine, Werbespots, Filme, Serien und Vorbilder gelernt, dass es immer etwas an mir zu optimieren gibt. Schon in der *Bravo* ging es nicht darum, den Schwarm mit dem eigenen Wesen zu überzeugen, sondern mit einer Auswahl an Dingen, die ihm gefallen würden, damit er mich dann auch mögen würde. In allen TV-Formaten waren die Frauen schlank und schön, und sie taten vieles dafür. Was sie alles taten und welche Produkte ihnen dabei halfen, erzählte mir die Werbung, die Redaktionen der Magazine und der Klatschpresse. Und so wurden Dinge an meinem Körper zu Makeln, die eigentlich keine waren. Was von dieser gezielten Kritik verschont worden war, übernahmen dann Freund*innen oder Mitschüler*innen. Denn selbst untereinander gingen die Frauen in meinem Umfeld nicht immer liebevoll und wohlwollend miteinander um. Und ich wahrscheinlich auch nicht mit ihnen. Es wurden Vergleiche gezogen, andere Frauen abgewertet, nur um sich selbst damit aufzuwerten.

Als ich aus England zurückkam, war die erste Aussage einer Freundin, noch vor der Begrüßung, dass ich ganz schön fett geworden sei. Eine andere Freundin fragte mich beim Fast-Food-Holen regelmäßig, ob ich mir sicher sei, dass ich das alles essen wolle, und erzählte stolz, dass *sie* ja nicht mehr als eine kleine Portion Pommes schaffen würde. Dann sei ihr schon schlecht. Dass ich bis zu meiner Volljährigkeit leicht untergewichtig war und erst dann bis zu einem normalen BMI, immer noch am Rande der unteren Grenze, zunahm, lässt diese Aussagen für mich heute nur noch schlimmer erscheinen. Damals, daran erinnere ich mich, war ich schockiert und aß zum Glück trotzdem weiter, aber: Ich sagte auch nichts. Ich wies die Freundinnen und Frauen, die mir die Bissen in den Mund zählten, nicht darauf hin, dass das, was sie tun, falsch und verletzend ist. Dass sie damit mehr über sich selbst als über mich aussagen und damit ernsthafte gesundheitsschädliche Folgen auslösen könnten.

Und das können diese Worte. In der achten Klasse fehlte plötzlich ein Mädchen in der Schule, mit der ich sonst immer auf dem Pausenhof in einem großen Kreis gestanden und erzählt hatte. Ich erkundigte mich bei den anderen, wo sie denn sei. Ob es mir denn nicht aufgefallen sei?, fragten einige der Mädchen zurück. Sie sei immer dünner geworden. Jetzt hatten die Eltern sie in eine Klinik gebracht, weil sie magersüchtig sei. Nein, zur Schule käme sie erst einmal nicht mehr. Ich war schockiert und sprachlos. Darüber, dass dieses Mädchen so krank war, aber auch darüber, dass ich es nicht bemerkt hatte.

Zu unserer Jugendweihe durfte das Mädchen die Klinik verlassen, um an den Feierlichkeiten teilzunehmen. Sie stand mit all den anderen jungen Mädchen und mir in dem Kreis, in dem wir sonst auch auf dem Schulhof standen, und ich konnte sie nicht ansehen. Sie war so dünn geworden, dass ich fürchtete, nur einer meiner beschämten Blicke könnte sie endgültig zerbrechen lassen.

Während ich mich in diesem Alter vor allem damit beschäftigte, mit meiner besten Freundin Sims zu spielen, in den Ferien zur Jugendweihefahrt nach Rimini zu reisen, Harry Potter zu lesen und in der Schule gute Noten zu schreiben, verbrachte sie ihren Alltag in einer Klinik, in der es ihr wahrscheinlich sehr, sehr schlechtging. Ihre Gedanken drehten sich wahrscheinlich permanent um Kalorien, Körperfettanteil und wie sie es vermeiden könnte, erstere aufzunehmen, um den zweiten nicht zu erhöhen. So sollte es keiner/keinem Jugendlichen gehen – und generell keinem Menschen.

Aber auch ich lief wenige Jahre danach mit einem gestörten Selbstbild umher und kontrollierte mein Gewicht mit reduzierten Mahlzeiten und exzessivem Sport, um dem gängigen Schönheitsideal zu entsprechen. Dabei ist mir völlig unklar, warum es die Aufgabe von Frauen sein soll, schön zu sein. Trotz meines eigenen Bestrebens schön und damit akzeptiert zu sein, waren es für mich immer Komplimente über mein Aussehen, die ich gerade nicht bekommen wollte. Ich wusste, dass ich objektiv betrachtet attraktiv bin, auch wenn ich das selbst nicht so sehen konnte. Und ich verstand, dass ich mein Aussehen gezielt zu meinem Vorteil einsetzen konnte. Aber genau deshalb konnte ich mit Komplimenten über mein Aussehen nie viel anfangen: Sie ließen alles, was ich tat, untergehen. Alle schulischen und sonstigen Leistungen, die ich erbrachte, all die Interessen, die ich hatte, wurden unter diesen Komplimenten begraben, die am Ende wertlos waren.

Wenn ich mir ausrechne, wie viel Zeit meines Lebens und wie

viel Zeit das Mädchen aus der Schule und alle Frauen zusammen hätten, wenn sie sich nicht um ihr Aussehen und Schönheitsideale sorgen würden und die Energie, die sie darauf verwenden, in sinnvolle Aktivitäten stecken würden, werde ich traurig und wütend. Ich hätte wahrscheinlich mein Englisch bereits aufs höchste Niveau gehoben. Oder meine komplette Fotosammlung sortiert. Vielleicht hätte ich auch die gesamte Zeit einfach in Lesen, Malen oder Puzzeln gesteckt. In An-die-Decke-Starren und Musikhören oder Gelangweiltsein. Jede Aktivität wäre besser gewesen, als mir selbst Dinge zu verbieten oder aufzuzwingen, die nicht einmal meinen Idealen und Werten entsprachen und so meinem Körper zu schaden, anstatt ihn als das zu betrachten, was er ist: die beeindruckende Hülle, die mit faszinierenden Funktionen mein mentales Sein umgibt. Und ich will dieses Sein nutzen, um Veränderungen zu bewirken. Nicht mein Aussehen.

Mein zukünftiges Kind soll in seinen pubertären, dramatischen und aufregenden Jahren zwischen zehn und zwanzig nicht so denken und fühlen müssen. Ich will, dass es Harry Potter lesen und dazu stehen kann (das war in meiner Jugend noch nicht so cool wie heute), und niemand ihm dieses Vergnügen abspricht. Ich will, dass es einfach es selbst sein kann, wenn es sich mit seinem ersten Freund oder seiner ersten Freundin trifft. Ich will, dass mein Kind Zeit hat, sich die Frage nach dem eigenen Ich zu beantworten, dass es dabei Unterstützung von uns als Eltern und anderen Menschen bekommt und sich ausprobieren kann, ohne von anderen bewertet zu werden. Ich will, dass es lieben kann, wen oder wie viele Menschen es will, dass es aussehen und sich kleiden kann, wie es es für richtig hält, und damit nicht die Chance auf einen Ausbildungsplatz, die Gunst einer Schwiegermutter in spe, Freunde oder sein Ansehen verliert. Ich will, dass mein Kind nicht denkt, erst etwas leisten zu müssen, um anerkannt oder geliebt zu sein.

Wenn ich mir eine solche Möglichkeit für mein Kind wünsche, weiß ich: Es ist meine Aufgabe und die einer offenen und toleranten Gesellschaft, ein Miteinander zu ermöglichen, das auch Menschen akzeptierend und wohlwollend gegenübersteht, fordert und fördert, die nicht der vorgefertigten und sozialadäquaten Norm entsprechen.

GEDANKEN, DIE KRANK MACHEN

Und dennoch bleibt von außen die Forderung nach seelischer und körperlicher Selbstoptimierung, nach Anpassung, Perfektion und Funktionieren laut und offensiv bestehen. Warum wundert es uns trotzdem immer wieder, dass dieser Leistungsdruck Folgen für unsere mentale Gesundheit hat? Psychische Krankheiten werden nach wie vor stigmatisiert. Emotionen sind einer sich selbst zu Leistung antreibenden Gesellschaft nicht dienlich. Die Verletzlichkeit, die damit einhergeht, ist unberechenbar. Wer sensibel durchs Leben geht und womöglich Kritik an diesen Umständen formuliert, wird an den Rand der Gesellschaft gestellt, obwohl diese Eigenschaft in ihrer Mitte stehen sollte. Denn: Das, was uns Menschen wirklich einzigartig macht, ist nicht unsere Leistungsfähigkeit oder wie gut wir Körper, Geist und Seele optimiert haben, es ist unsere Menschlichkeit, die von Empathie und Emotionen lebt.

Mich interessiert deshalb die Frage, wie genau es passiert, dass Menschen sich von ihrer Sensibilität und ihrem menschlichen Kern entfernen: Warum entscheiden wir uns gegen den offenen Umgang mit Gefühlen und für ein Verschließen vor den eigenen und fremden Emotionen, das unter anderem schwere gesundheitliche Konsequenzen mit sich bringt?

Die Ursachen dafür liegen im sozialen Umfeld: in der Familie, im Kindergarten, in Schulen, Vereinen, im Freundeskreis und bei Bekannten. Unser ganzes Leben lang wird uns von unserem Umfeld dessen Überzeugungen vermittelt – bis wir uns selbst oder jemand anders, meist in Gestalt einer Therapeutin oder eines Therapeuten, darauf aufmerksam macht, an was wir da eigentlich glauben. So wie ich glaubte, ich wäre eine schlechte Freundin, weil ich eher spontan und vielseitig interessiert bin. Oder wie ich glaubte, ich sei falsch, weil ich meist anders fühle und kommuniziere.

Noch stärker beeinflusst werden Menschen von Sätzen, die unbedacht gesagt werden: Aus «Iss nicht so viel, du wirst zu dick» kann schnell ein «Ich bin dick» im Kopf haften bleiben. Mit «Du musst dich auch mal für etwas entscheiden, sonst wird nichts aus dir» kann die Empfindung von «Ich bin nichts» angestoßen werden. «Wenn du immer so stotterst, wird dir nie jemand zuhören» kann einen «Ich werde nicht gehört»-Rückschluss bilden. Leicht dahingesagte Worte wie «Wer so schlecht liest, muss dumm sein» können den marternden Gedanken von «Ich bin dumm» fördern. Ein gängiges «Miss dich nicht mit den Schlechteren, immer nur mit den Besseren» kann den Grundsatz «Nur das Beste ist gut genug» entstehen lassen. «Konzentriere dich mehr, sonst wirst du Fehler machen» birgt ein «Ich mache immer Fehler» in sich.

Diese Liste könnte beliebig lang fortgeführt werden. Was all diese Aussagen gemein haben, ist der Glaube, den sie auslösen: dass man nicht gut genug ist, fehlerhaft, dick, dumm, ungehört, kurz: ungenügend. Es sind diese negativen Gedanken, die unser Fühlen und Handeln unterbewusst beeinflussen, selbst wenn wir erwachsen, eigenständig und losgelöst von den prägenden Bezugspersonen sind.

Diese Meinungen, Wertungen, Annahmen und Überzeugung werden in einem Alter, in dem das Reflektieren rein entwicklungsbiologisch noch nicht möglich ist, unhinterfragt übernommen. Im Erwachsenen sind sie bereits so tief im unterbewussten Denken verankert, dass sie weiterhin nicht in Frage gestellt, sondern für wahre Grundsätze gehalten werden.

Was so viel Macht über unsere Denkprozesse hat, ist nicht einfach auszuhebeln und wird eben wegen dieses Nicht-Bewusstseins generationsübergreifend weitergegeben. Es blockiert den individuellen Lebensweg. Wer meint, sowieso nichts erreichen zu können, weil er/sie nicht die Fähigkeiten dazu habe und niemand an ihn/sie glaubt, der wird auch nichts erreichen. Wer denkt «Ich werde das nicht schaffen», wird sein/ihr Ziel nicht erreichen.

Und dabei geht es nicht darum, diesen Menschen zu suggerieren, sie müssten eben einfach ein wenig positiver denken und dann würde das schon werden. Gerade psychisch kranken Menschen ist das gar nicht möglich, sonst bräuchte man ja weder Pillen noch Therapie. Mit diesem Anspruch werden psychisch kranke Menschen ohnehin schon viel zu häufig konfrontiert: Lächel doch einfach mal. Steh doch einfach mal auf. Iss ein wenig Grapefruit und dann, na dann wird das schon, Mäuschen.

Nein, wird es nicht. Nicht ohne professionelle Hilfe.

WENN STRESS ZUM STATUSSYMBOL WIRD

Wenn sich negative Gedanken in uns festsetzen und von dort die Fäden unserer Entscheidungen ziehen, bedeutet das Stress. Stress ist das englische Wort für Anspannung oder Druck, bezeichnet laut Dorschs *Lexikon der Psychologie* eine subjektiv unangenehm empfundene Situation, von der eine Person negativ beeinflusst wird.[14]

Prinzipiell ist Stress nicht nur negativ konnotiert, weil Menschen ein gewisses Maß an Anspannung für ein erfülltes Leben brauchen. Diesen Stress nennt man positiven Stress oder auch Eustress. Er beansprucht den Organismus auf positive Weise: Wir werden aufmerksamer und leistungsfähiger. Ursprünglich hat diese Form von Stress Menschen in die Lage versetzt, auf Umwelteinflüsse adäquat zu reagieren, ohne vom Säbelzahntiger gefressen zu werden.

Es geht also um das richtige Maß an Anspannung: Zu wenig führt zu Unterforderung und Langeweile, die ebenfalls krank machen kann. Zu viel davon macht aber auch krank, und aktuell sind mehr Menschen davon betroffen. Es ist ein bisschen wie mit Zucker, der von der Ernährungsmedizin verteufelt wird, den der Körper aber dennoch zum Produzieren von Energie braucht. Oder wie mit dem in der Medizin verschrienen Salz, das in rauen Mengen schädlich ist, ohne das der Körper aber auch nicht leben kann.

Im Grunde genommen ist es bei fast allem im Leben so: Die Balance macht es. Aktuell nehmen wir aber zu viel vom Stresskuchen zu uns, und unser Körper kann dies nicht kompensieren. Wir erkranken sozusagen an Gehirndiabetes. Mögliche Konsequenzen sind Schlafstörungen, Appetitlosigkeit, sozialer Rückzug, Schwitzen, Übelkeit, Muskelverspannungen, Hautkrankheiten, Magen- und Darmprobleme, Haarausfall, Herzprobleme – um nur einen kleinen Auszug der körperlichen Symptome zu geben. Die psychischen Folgen sind weitaus umfangreicher.

Aber: Wie kann ich als sensibler Mensch, der empfänglicher für Druck von außen und damit für inneren Stress ist, lernen, diesen möglichst dauerhaft aus meinem Alltag zu bannen?

Erste Grundvoraussetzung war für mich, das Statussymbol Stress nicht als solches zu glorifizieren, sondern als das zu begreifen, was es ist: ein körperliches Signal von Überlastung und Überforderung. Das hat mein Leben nachhaltig positiv beeinflusst.

Ich bemerke heute bewusst, wenn ich überlastet bin, und versuche, mich dann selbst aus diesem Zustand der Angespanntheit herauszuholen. Manchmal fühlt es sich ein wenig an, als wäre mein Gehirn ein Welpe. Die haben nämlich auch noch nicht gelernt, sich selbst zu regulieren. Aber man kann es ihnen beibringen. Hilfe zur Selbsthilfe, quasi.

KOSTET ES MEINEN INNEREN FRIEDEN, IST ES DAS NICHT WERT

Das Fatale in diesem Zusammenhang: Die meisten Menschen haben keine Strategien zur Stressbewältigung gelernt. Auch ich kämpfe nach wie vor damit, unter Druck nicht auf die altbekannten Muster ungesunder Verhaltensweisen zurückzugreifen und stattdessen die neuen Alternativen auszuprobieren, von denen ich rational weiß, dass sie mir guttun würden, zu denen ich mich aber oftmals nicht durchringen kann. Ich bin nicht immer einer dieser vorbildlichen Menschen, die in Stresssituationen früh ins Bett gehen und lang schlafen, sich gesund ernähren, ausreichend trinken, sich körperlich betätigen und soziale Kontakte pflegen, kurzum, auch unter Druck recht gut funktionieren.

Die Crux an der Sache: Wenn ich schon gestresst bin, also vor allem die wertvolle Ressource Zeit schwinden sehe, fällt es mir umso schwerer, mir diese zu nehmen, um geeignete Wege zu finden, den Stress zu reduzieren.

Hinzu kommt: Habe ich nicht genug vom geplanten Pensum

geschafft, tendiere ich dazu, mich durch noch mehr Arbeit selbst abzustrafen – ich stresse mich also weiter, um mein Ziel doch noch zu erreichen. Das ist natürlich recht masochistisch und wenig gesundheitsfördernd, aber ein antrainiertes Verhalten, das ich nur schwer ablegen kann.

Dennoch weiß ich, dass der erste Schritt, um den Druck langfristig zu nehmen, für mich das kurzfristige Innehalten ist. Gleichzeitig liegt es mir nicht (siehe oben), meine wertvolle Zeit mit Rumliegen und Nichtstun verstreichen zu lassen. Doch ich glaube, um Nichtstun geht es beim Entspannen auch nicht. Ich versuche deshalb (und meistens klappt es auch), mich durch Dinge, dir mir guttun, aus der stressgeladenen Situation zu nehmen. Dabei helfen mir verbindliche, für mich selbst festgelegte Feierabendzeiten und ein ausgeglichenes analoges Privatleben. Ich sorge dann je nach Bedürfnis mit gutem Essen, Bewegung, frischer Luft, einem Buch, Kuchen und Blumen, Suppe, Serien oder was auch immer ich gerade gern mag, für mich. Das erfüllt nicht nur persönliche Bedürfnisse, sondern gibt mir auch das befriedigende Gefühl, der wichtigsten Aufgabe, nämlich, mich um mich selbst zu kümmern, nachgekommen zu sein. Mein Kopf ist frei, und ich kann die am nächsten Tag anstehenden Aufgaben besser bewältigen.

Außerdem versuche ich, Lösungen zu vermeiden, die zwar kurzfristig den Druck lindern, aber auf lange Sicht versagen: Alkohol trinken etwa, sich auf Social Media berieseln lassen oder blindlings den Fernseher einschalten.

Zu solchen, auf sofortige Entspannung angelegte, Lösungen greifen viele Menschen unter Stress, langfristig bringen sie aber nur mehr Probleme, wie chronische Müdigkeit, Kopfschmerzen oder Übelkeit. Also versuche ich, zu pausieren. Ich leere mein Gehirn, indem ich seinen Fokus auf etwas anderes lenke, bis ich rationaler an die Stresssituation herangehen kann. Denn emotional beurteilt wirken die Probleme oft größer, als sie sind. In der Rationalität betrachte ich dann das Problem von allen Seiten und überlege mir, welche Lösungen – zunächst einmal ganz wertungsfrei – zum Ziel führen können. Welche Schritte muss ich gehen, um es zu erreichen? Was genau muss ich tun? Wie muss ich zu tun? Wie viel Zeit werde ich brauchen? Was werde ich noch brauchen, um ans Ziel zu gelangen? Geld? Hilfe? Technik? Will ich das Ziel überhaupt? Warum will ich das Ziel? Was ist es mir wert, dieses Ziel zu erreichen?

Kein Ziel ist es wert, mir meinen inneren Frieden zu nehmen. Diesen Grundsatz habe ich mir nach der sehr zermürbenden Zeit mit toxischen Beziehungen und falsch gewählten beruflichen Zielen aufgestellt. Wenn mir das Ziel und das Erreichen des Ziels aus persönlichem Grund und Antrieb wirklich wichtig sind, überdenke ich, wie ich es erreichen kann und was ich dafür brauche. Diesen Plan entwickle ich meist auf Papier mit Stift, bis alles in irgendeiner Form von Übersicht dargestellt ist. Damit befriedige ich meinen Wunsch nach Kontrolle und Struktur. Zu sehen, wie ein Problem auf einer Seite Papier dargestellt werden kann, beruhigt mich ungemein, und vermittelt mir, es auch real lösen zu können.

Mit diesem Plan lege ich dann Prioritäten nach Dringlichkeit und Umfang, Zeit und Kosten-Nutzen-Prinzip fest: Welche Aufgabe ist als erste zu erledigen? Wie lang wird diese und generell alles zusammen realistisch (!) brauchen?

Erst wenn der Plan zur Problemlösung auch auf einem Stück Papier Sinn ergibt und umsetzbar erscheint, lege ich wieder mit der Arbeit los. Jetzt macht mein Gehirn nämlich nicht nur kurzfristige Problemfrisierung, sondern arbeitet auf ein großes Ganzes zu, das es rational verstanden hat und allein deshalb nicht mehr ganz so schnell in Panik ausbricht. Ich kann meine Fähigkeiten und Fertigkeiten von schnellem Umdenken, vielseitigen Interessen und kreativer Lösungsfindung produktiv einbringen und verhaspele mich nicht an meiner Schwäche, schlecht mit Stress umgehen zu können. Komme ich doch einmal ins Rotieren, erinnere ich mich an den Plan, schaue ihn mir noch einmal an und beruhige mich.

Zu einem gewissen Grad brauche und suche ich solche Leistungsphasen, in denen ich mich bewusst und selbstgewählt einer Aufgabe verschreibe, auch wenn damit ein höheres Stresslevel einhergeht. Weil es mich lebendig und berauscht fühlen, mich an mir wachsen lässt und ich neues Wissen konsumieren kann. Aber jedes Mal, wenn ich diese Höchstleistung dann erbringe, freue ich mich auf die folgende Ruhephase, in der ich nur den alltäglichen Aufgaben nachgehe und mich sonst mit meinem zu kurz gekommenen Privat- und Freizeitleben beschäftige. Wie in einer Achterbahn, in der ich mich bei der zweiten Runde frage, warum ich eigentlich für eine erneute Fahrt sitzen geblieben bin.

Ich weiß, es gibt Menschen, die brauchen einen geregelten und stetigen Alltag, in dem sie kontinuierlich wissen, was sie erwartet und wie die Tage, Wochen, Monate und Jahre ablaufen. Doch ich zähle trotz aller Versuche bisher nicht dazu. Für mich funktionierte das Leben am besten, wenn sich aufregende und erholsame Phasen in größeren Zeitabständen abwechseln. Es ist mein Wunsch, an dieser Arbeitseinstellung zu arbeiten, um Arbeit und Privatleben dauerhaft zu vereinen.

Was mir außerdem geholfen hat, eine sich aufbauende Anspannung gar nicht erst eskalieren zu lassen, ist, die Verantwortung für meinen Stress zu übernehmen. Nur ich selbst kann mich stressen, kein*e Chef*in, kein*e Kolleg*innen, kein*e Lektor*in, keine Familie. Ich bin der einzige Mensch, der meine Gefühlslage beeinflusst.

Das Schlechte daran, mich selbst verantwortlich zu machen, ist, dass ich niemand anderes für meine Verfassung beschuldigen kann. Das Gute daran, wenn ich die Verantwortung übernehme: Ich kann mein Leben selbst, frei und allein bestimmen. Den Stress auch.

So hart es für mich immer wieder ist, es mir einzugestehen: Wenn ein*e Auftraggeber*in mich stresst, dann bin ich die, die das zulässt und keine eindeutige Ansage macht. Wenn mein Partner mir nicht gibt, was ich brauche und wonach ich mich sehne, dann liegt es an mir, meine Bedürfnisse, Ängste oder Wünsche klar zu kommunizieren.

Diese Verantwortung ist mir erstmals während meiner Therapie bewusst geworden und hat zunächst viel Rebellion in mir ausgelöst. Es war einfacher, der Behörde, meinem Chef, den Kolleg*innen, der Bürokratie, der Gesellschaft oder den Fällen, die ich zu bearbeiten hatte, die Schuld für mein Scheitern anzulasten, als anzuerkennen, dass ich selbst diejenige war, die sich genau diese berufliche Laufbahn ausgesucht hat. Es wäre meine Verantwortung gewesen, die nötigen Konsequenzen zu ziehen.

NACH DEM BURNOUT ZURÜCK IM JOB

Jede krankheitsbedingte Auszeit hat ein Ende. Vier Monate war ich nach meinem Burnout krankgeschrieben, und wäre ich selbst dann nicht noch so versessen darauf gewesen, mein Leben in die Richtung zu bringen, die in meiner Vorstellung ansprechend aussah, wäre es wohl ratsam gewesen, mich noch länger aus dem Hamsterrad meines Jobs zu nehmen.

Aber ich hatte eben nicht nur diesen Job, sondern auch meine Redaktionsstelle beim digitalen Stadtmagazin, meinen Blog und das Bedürfnis, nicht mehr als krankgeschriebener Urlauber gesehen werden zu wollen, sondern mein Leben wieder in die Hand zu nehmen.

Mit meinem Therapeuten besprach ich das Vorgehen. Er riet mir, die Wiedereingliederung, die nach langer krankheitsbedingter Abwesenheit angeboten wird, zu nutzen und zunächst mit weniger Wochenarbeitsstunden bei der Behörde einzusteigen.

Im Februar 2016 kehrte ich schließlich wieder an meinen alten Arbeitsplatz zurück. Auch das war nach Ermessen des Therapeuten ein ratsamer Schritt, bevor ich eventuell etwas Neues anfing: noch einmal in das alte Arbeitsumfeld einzutauchen und nicht mit dem Gefühl zu gehen, einfach geflohen zu sein. Das hätte sich für mich wie eine Niederlage angefühlt.

In den ersten Tagen zurück im Büro fühlte ich mich sehr unwohl. Zum einen fiel es mir schwer, meinen Schlafrhythmus einer geregelten Arbeit anzupassen. Ich konnte mittlerweile wieder recht gut ein- und durchschlafen. Nun aber zu wissen, am nächsten Morgen zu einem bestimmten Termin (dem Arbeitsbeginn) fit sein zu müssen, ließ mich schlecht einschlafen, sodass ich recht schnell wieder unter Schlafmangel litt. Der Weg zur Behörde machte mich nervös, zumal ich sofort bemerkte, dass ich ihn weder gern fuhr, noch mich in irgendeiner Weise auf meine Arbeit freute.

Ich saß auch nicht mehr bei meiner befreundeten Kollegin, sondern allein, sollte mir dieses neue Büro aber bald mit einer neuen Kollegin teilen. Ein Teil des Kollegiums empfing mich sehr herzlich und wohlwollend, erkundigte sich und sprach mir Mut und Unterstützung zu. Ein anderer Teil schien zu glauben, ich hätte vier Monate auf Kosten der Behörde Urlaub gemacht. Körperlich sah ich ja unversehrt aus. Keine sichtbaren blauen Flecken oder Narben zeugten davon, dass ich «richtig» krank gewesen bin. Ich wurde nicht offen beleidigt oder angefeindet, es war eher ein subtiles Verhalten, mit dem ich von Kaffeetreffen ausgeschlossen wurde, die Gespräche sich auf das Nötigste beschränkten und Blicke wirklich mehr als tausend Worte sagten, wobei die tausend Worte wahrscheinlich für alle mehr Klarheit gebracht hätten. Das sorgte dafür, dass ich mich bei der Arbeit ausgeschlossen und einsam fühlte. Ich nahm mir vor, mich einfach auf den Job zu konzentrieren und mir schnellstmöglich die aktuellen Ausschreibungen anzusehen, ob sich nicht doch eine freie Stelle im Bereich Presse oder Kultur aufgetan hatte.

Bis es so weit war, versuchte ich, mich meinen Fällen zu widmen. Ich wusste noch genau, was zu tun war und wie, welche täglichen Aufgaben ich erledigen musste, dass ich die Wiedervorlagen durchzugehen hatte, die Unterlagen sichten, Vorentscheidungen treffen und diese dann umsetzen sollte. Nur: Ich konnte tagelang keine einzige Akte öffnen.

Meine Vorgesetzte hatte mich in der Zeit während des Burnouts sehr unterstützt, und auch jetzt stellte sie sich weiter vor mich. Aber ich konnte ihr aus Sorge, ihre Gunst und auch die der mir zugewandten Kolleg*innen zu verlieren, nicht erzählen, wie es mir ging. Die Erkenntnis, dass nicht nur meine persönliche Veranlagung, sondern auch die mental fordernde Arbeit, die ich in den letzten Jahren wegen Personalmangel in zu großem Umfang geleistet hatte, einen erheblichen Beitrag zu meinem Burnout geleistet hatte, traf mich wie ein Schlag. Ich war bis zur Rückkehr an den Arbeitsplatz davon ausgegangen, dass ich allein verantwortlich für meinen Ausfall gewesen war.

Nach einer Woche gelang es mir schließlich, die ersten Fall-akten zu öffnen. Die Panik angesichts der Vorstellung, die Kontrolle über die Fälle, die Arbeit insgesamt und die Meinung der Vorgesetzt*innen und Kolleg*innen zu verlieren, wog zu schwer und siegte über das Bedürfnis, meine Jacke anzuziehen, den Rucksack zu nehmen, einfach zu gehen und mich wieder krank-schreiben zu lassen.

Mich plagte außerdem die Angst, wenn ich hier nicht arbeiten würde, auch beim digitalen Stadtmagazin nicht tätig sein zu dürfen. Das sahen die Bestimmungen der Behörde und Kranken-versicherung aus gutem Grund so vor. Und die altbekannte Sorge um meine finanzielle Zukunft stieg erneut in mir auf.

Also versuchte ich, wie ich es die Jahre zuvor getan hatte, meine Sensibilität wie einen Lautsprecher runterzuregeln und möglichst rational den Aufgaben nachzugehen, die meine Aufmerksamkeit forderten. Es funktionierte. Ich funktionierte. Ich kam pünktlich, ich erledigte meine Arbeit, ich ging pünktlich. Aus der Wiedereingliederung wurde wieder eine normale Arbeitsstelle. Statt 42,5 Stunden arbeitete ich allerdings nur 25 Stunden. Zusammen mit meiner redaktionellen Stelle kam ich also auf insgesamt 45 Stunden Wochenarbeitszeit, die natürlich zu viel waren für mich.

Um mich nicht wieder zu überarbeiten, versuchte ich, meine Arbeitszeit in der Behörde um weitere fünf Stunden zu reduzieren. Trotz ärztlicher Bescheinigung aber ohne Erfolg. Im Gegenteil, man versuchte, an mein «Ehrgefühl» zu appellieren: Die Abteilung sei personell schlecht besetzt, da brauche man jede*n. Man warf mir sogar vor, an meiner Erkrankung und dem darauf-folgenden Ausfall selbst schuld zu sein. Das war der Moment, in dem ich weder Tränen noch Wut halten konnte und die betreffen-de Person lautstark aus meinem Büro warf. Ich bemerkte es deutlich und wollte es dennoch nicht wahrhaben, dass jede Grenze überschritten worden war. Ein Bleiben war eigentlich unmöglich geworden.

Eine Lösung für das Problem sah ich trotzdem (noch) nicht. Die Behörde sicherte mir mein Einkommen, und der Job beim Stadtmagazin meine Freude an der Arbeit und die Aussicht auf eine hoffentlich irgendwann eintreffende bessere berufliche Zukunft.

Wenige Wochen nach diesem Vorfall, als ich wieder einmal keine Ruhe fand und weit entfernt vom Schlafen war, die letzten Sonnenstrahlen auf den Teppich schienen und der goldene Lichtspalt, den sie dort hinterließen, immer schmaler wurde, vibrierte mein Handy.

«Vielleicht gibt es eine Lösung, vielleicht ist es nur keine leichte. Vielleicht musst du einfach springen», schrieb eine Freundin in unserem Chat meiner engsten drei Freundinnen.

«Vielleicht ist es an der Zeit, dass ich etwas ändern muss», hatte ich wenige Minuten zuvor geschrieben.

Zu lange schon jammerte ich, zu lange war das Problem so groß, dass ich mich nicht traute, es wirklich anzugehen. Mit allen Konsequenzen, mit all den Veränderungen und mit allem, was ich dafür loslassen musste. Ich wusste weder ein noch aus. Ich stand mit dem Rücken an der Wand und konnte keinen Schritt zurückgehen – wollte aber auch keinen vorwärts setzen, weil ich mit jeder Veränderung eine Verschlechterung befürchtete. Ich war melancholisch und dem Gefühl gegenüber, traurig und bedauernswert zu sein, gar nicht abgeneigt. Sie war ja auch bedauernswert, die Situation, in der ich da steckte.

«Ob es besser oder schlechter wird, findest du nur raus, wenn du es wagst», antwortete die Freundin. Ja, ich musste es wagen.

Auf all den schönen Zitatpostings im Internet steht ja auch immer: «Wer nicht wagt, der nicht gewinnt».

Aber wenn ich wagte und verlieren würde? Woher sollten alle anderen wissen, dass es am Ende wirklich gut wird, weil es sonst nicht das Ende ist? Was wäre, wenn der Weg nur noch härter werden würde?

«Du weißt doch, Horrorszenarien sind nur etwas für Roland-Emmerich-Filme! Es wird nie so schlimm, wie man es sich in seinen schlimmsten Gedanken ausmalt», begegnete die Freundin meinen Ausflüchten.

Die Nacht breitete sich weiter aus, und ich lag im dunklen Wohnzimmer. Was wäre, wenn ich alles auf eine Karte setzen und es funktionieren würde? Wenn ich glücklicher sein und das Hier und Jetzt genießen könnte? Wenn ich Postkarten schreiben würde? Was käme dann eigentlich noch?

Ich bekam Bauchschmerzen von all dem Grübeln, mein Kopf fuhr Karussell, und ich sehnte mich nach einer Lösung. «Vielleicht gibt es eine Lösung, vielleicht ist es nur keine leichte», hallte es in meinem Kopf nach.

Vor mir lag ein Buch, in dem die Protagonistin eine halbe Million Euro gewonnen und sich daraufhin getraut hatte, ihren Traum vom Reisen zu verwirklichen. Nach dieser Zeit hatte sie festgestellt, dass es keine halbe Million braucht, um glücklich zu werden. Ich stellte mir vor, was ich mit einer halben Million machen würde, und landete wieder bei den gleichen Wünschen, die ich schon seit Minuten, Stunden, Monaten hatte.

«Ja, warum eigentlich nicht jetzt? Warum ein Sicherheitsnetz, das man meist nicht braucht? Warum nicht einfach die Ängste abschalten und all die negativen Gedanken in etwas Positives stecken?», schrieb ich an meine Freundin.

«Du hast dein Gehirn, das wird dich sehr weit bringen, und

du hast deine Freunde, die regeln das mit deiner Angst», schrieb sie mir mit der von ihr gewohnten Rationalität kurze Zeit später zurück.

Genau das war mein Problem: Ich jammerte, ich klagte, ich weinte und bedauerte – aber ich ging nicht darüber hinaus. Ich wollte nicht freiwillig die Bodenhaftung verlieren, meine alten Pläne aufgeben und ängstlich in ein unbekanntes und unkontrolliertes Leben gehen. Die Ungewissheit, die der Gewohnheit den Raum nimmt, dieser Sprung aus der Komfortzone, sie macht mir Angst. Ich hatte so viel Angst vor dem ungebremsten Aufprall. Aber noch viel mehr Angst hatte ich davor, wirklich zu springen und alles aufzugeben, dieses Neue entgegen aller Altersarmutsalbträume, Insolvenzvorstellungen und Mittellosigkeitspanik zu wagen. Ich hatte Angst vor meiner eigenen Kraft und meinem Mut, der so viel Veränderung auslösen könnte, dass ich die Konsequenzen noch gar nicht erahnen konnte.

Der Zeitstrahl, auf dem ich lief, endete, und ein neuer begann. Einer, dessen Verlauf ich nicht abschätzen konnte – vielleicht auch gar nicht wollte. Denn ich konnte nicht wissen, was passieren würde. Ich könnte weiter auf der Stelle treten, ja. Aber: Brachte mir das die Freude am Leben, die ich so schmerzlich vermisste? Wenn ich genau darüber nachdachte, hatte ich keine Angst vor dem Fall, ich wusste tief in mir, dass es immer eine Lösung geben würde.

Sollte ich's wirklich machen oder ließ ich's lieber sein? Schon *Fettes Brot* haben die Zwickmühle besungen, in der man steckt, wenn es wichtige Entscheidungen zu treffen gilt.

Während ich grübelnd auf dem Sofa lag, war zumindest eins klar: Ich war nicht allein. Beruhigend, nicht die Einzige mit Herzrasen, Atemnot und Kopfschmerzen vom Nachdenken zu sein – wobei es sich eher anfühlte, als würde mein Gehirn bei dem Versuch, eine Lösung zu finden, ausbrennen. Mit Hitze im Kopf wurden meine Hände kalt und schweißnass. Mein Körper kribbelte, und ich stand dann doch besser auf. Besser laufen, als stehen zu bleiben, besser bewegen, als zu ruhen, besser über eine Entscheidung nachdenken, als eine zu treffen.

Ich griff wieder zum Handy und scrollte durch meinen Facebook-Feed. Menschen zeigten Fotos von sich auf Reisen, vom zu früh gekommenen Sommer, hatten einen neuen Job, einen neuen Freund oder waren einfach nur glücklich, weil sie die beste Party ihres Lebens hatten. Schön, dass es bei allen so rundlief, ehrlich. Ich legte meine Lieblingsplatte auf, goss mir einen Wein ein. Bei dem nächsten Pärchenbild, das die zwanzigjährige Beziehung feierte, musste ich fast brechen und wechselte lieber zurück in den iMessage-Chat mit der Dreier-Girl-Gang.

«Seid ihr noch wach?», frage ich in die ganzen Sprechblasen hinein.

«Ja, ich kann auch immer noch nicht schlafen. Was ist los?», fragte eine der beiden wenige Sekunden später zurück.

Ich war erleichtert, in diesem Moment nicht mehr allein über das Problem nachdenken zu müssen. Da war jemand, dem ich alles schreiben konnte, der zuhörte, verstand. Eine mehr, die wissen konnte, in welche Richtung ich diesen Gedankenwürfel noch nicht gedreht hatte.

«Ich weiß es nicht, aber ich habe Bauchweh und Herzrasen. Ich stehe irgendwie still. Ich weiß aber auch nicht weiter. Ich will nicht bleiben und kann auch nicht gehen. Was ist, wenn ich noch nicht alles gegeben habe? Wenn ich zu früh aufgebe? Und was ist, wenn ich gehe? Was kommt dann nach diesem großen Loch? Wenn ich bemerke, dass doch alles gar nicht so schlimm war? Was, wenn ich einen Fehler mache?», schrieb ich mit flink über das helle Display rasenden Fingern und legte das Handy zur Seite.

Ich goss noch etwas Wein nach, legte mich wieder in die Kuhle, die sich von all dem Liegen und Warten auf dem Sofa gebildet hatte. Das Handy vibrierte, und ich vertippte mich mit schwitzigen Händen gleich zweimal beim Entsperren.

«All das kannst du doch nur rausfinden, wenn du dich endlich mal entscheidest. Du hast einfach nur Angst, und Angst ist kein Grund, um stehen zu bleiben. Ja, es kann besser werden. Ja, es kann beschissener werden. Aber das wirst du nur herausfinden, wenn du den Weg gehst», schrieb die Freundin zurück.

Ich legte das Handy zur Seite und nahm es dann doch wieder in die Hand. Mein Mund wurde trocken, in meinen Ohren rauschte es. Mir schossen das Blut in den Kopf und Tränen in die Augen. Ich begann zu tippen und löschte alles wieder. Noch mal von vorn: «Ich habe keine Angst. Weißt du, hier geht es um so viel mehr als immer nur um Ängste. Du kannst nicht immer von dir auf alle anderen schließen.»

Ich goss mir Wein nach, drehte die Platte um und meine Gedanken im Kopf weiter. Was würde ich tun, wenn …? Wenn, egal welche Entscheidung ich träfe, keine negativen Konsequenzen entstehen würden? Ich würde gehen. Wenn ich jederzeit den Zurückspulen-Button drücken könnte? Ich würde gehen. Und wenn das der letzte Tag meines Lebens wäre? Ich würde gehen. Wenn meine Freundin vor der Entscheidung stünde, was würde ich ihr raten? Zu gehen. Ich sagte es einmal laut in den leeren Raum: «Ich gehe.»

Ich musste lächeln. «Okay, also ich gehe wirklich.» Keine Widerrede, nur Stille. Ich nahm das Handy und schrieb es auf: «Ich gehe», legte es wieder zur Seite. Tief einatmend stand ich mit Kopfschmerzen am Fenster und atmete nicht, ich inhalierte die Luft in meine Lungen, in mein Gehirn. Mein Herz pumpte pure Euphorie durch meine Blutbahn. Mein Handy vibriert.

«Sagst du das gerade nur, um es laut ausgesprochen zu haben, oder weil du wirklich gehst?», steht da.

«Ich hab es schon dem Wohnzimmer erzählt. Jetzt wollte ich wissen, wie es sich anfühlt, es real zu machen», antwortete ich und setzte nach: «Entschuldige, ich hätte eben nicht so patzig reagieren sollen.»

«Das ist schon okay. Wenn man Ängste weckt, sind sie meistens übel drauf», antwortete sie.

Am nächsten Morgen wusste ich ganz instinktiv, was zu tun war: Ich fuhr wie gewohnt mit der Bahn zur Arbeit, legte meine Sachen ab und startete meinen Computer. Ich wählte mich ins Intranet ein. Mein Chef kündigte per Mail an, er wollte gern mit mir wegen meines Antrags auf nochmals reduzierte Teilzeit reden. Ich suchte im Intranet den Beurlaubungsantrag heraus und füllte ihn in aller Ruhe aus. Wie irritierend, dass ein normaler Urlaubsantrag zwei Seiten umfasste, dieser Antrag auf Beurlaubung zur beruflichen Neufindung über maximal acht Jahre, den ich jetzt ausfüllte, aber kaum mehr als eine Seite.

Das war der Vorteil, bei einer staatlichen Behörde zu arbeiten: Ich hatte die Wahl, binnen zwei Wochen aus dem Beamtenverhältnis auszutreten und dann ohne soziale Leistungen wie Arbeitslosengeld auskommen zu müssen oder mich zur beruflichen Neuorientierung bis zu höchstens acht Jahren (Hamburg, Stand 2016) beurlauben zu lassen, und auch dann ohne soziale Leistungen wie Arbeitslosengeld auskommen zu müssen. Mir blieb damit die Möglichkeit, im absoluten Notfall, von dem ich hoffte, dass er niemals eintreten würde, wieder zur Behörde zurückkehren zu können. Diesen kleinen Rettungsanker bewahrte ich mir.

Ich klickte auf Ausdrucken, legte den ausgefüllten und unterschriebenen Antrag in eine Umlaufmappe, auf der ich die Hierarchieleiter vermerkte, durch die er – wie alle Unterlagen innerhalb einer Behörde – laufen sollte, klemmte sie unter den Arm und machte mich auf den Weg zu dem Termin mit meinem Vorgesetzten.

Wie erwartet wollte er mir die Stundenreduzierung ausreden, sie in den Herbst vertagen. Mein Herzschlag beschleunigte sich, ein Kloß bildete sich in meinem Hals, und mein Atem wurde flacher. In diesem Moment hasste ich sie alle mit ihrer rücksichtslosen, festgefahrenen «So geht das nicht, das haben wir noch nie so gemacht»-Art so sehr, dass ich meine folgenden Worte richtiggehend genoss: «Wir können das Gespräch an dieser Stelle gern gleich beenden. Hier finden Sie meinen Antrag auf Beurlaubung zur beruflichen Neuorientierung, fristgerecht eingereicht zum nächsten Monat. Sie müssten hier bitte einmal gegenzeichnen und dann den Antrag über die übliche Hühnerleiter nach oben schicken, ja?»

Es dauerte eine Weile, bis er seine Sprache wiederfand: «Aber Frau Schwarzberg, Sie sind doch hier wer. Sie haben sich so viel erarbeitet, wurden frühzeitig befördert. Das können Sie doch nicht wegwerfen», sagte er und wirkte ernsthaft in seiner Weltanschauung erschüttert. Während er um Fassung rang, erstarkte in mir eine neue Art von Selbstbewusstsein, die ich bisher nicht kannte. Ich hatte eine Entscheidung getroffen, die mit keinem Argument und von niemandem umgestoßen werden konnte. Es war mir egal, was irgendjemand darüber dachte, denn für mich war es die beste Lösung, die es gab. Ich antwortete meinem Chef: «Hier, für die Behörde, mag ich in irgendeiner Art bedeutend sein, aber: Sobald ich dieses Gebäude verlasse, zählt das nicht und ist für niemanden relevant.»

Weil die Klausel, mit der ich meine Beurlaubung und damit meine Freistellung vom Dienst beantragte, keines Zuspruchs bedurfte, einigten wir uns im weiteren Gespräch auf den 31. Mai 2016 als meinen letzten Arbeitstag. Das Datum markierte meinen Austritt aus der Behörde, aus dem Büro und aus meinem alten Leben. Dann ging ich vorerst zurück in mein Büro.

Ich hatte noch nicht ganz realisiert, was ich da gerade angestoßen hatte, da klingelte das Telefon, und der Personaler der neugegründeten Behörde rund um Flüchtlingsfragen war am Apparat. Wir hatten in der Vergangenheit schon ein paarmal telefoniert, weil sie jemanden für die Pressearbeit in Teilzeit suchten. Es war somit genau die Stelle, die ich in den letzten drei Jahren gesucht hatte und von der ich dachte, sie würde, wie damals das Studium, alle meine Probleme lösen. «Hallo, Frau Schwarzberg. Gute Nachrichten: Wir konnten die Stelle tatsächlich durchbringen und würden Sie sehr gern zu uns holen. Na, was sagen Sie?»

Ich antwortete erst einmal ausweichend und versprach, mich möglichst schnell zurückzumelden – mit diesem Anruf hatte ich nicht mehr und erst recht nicht am heutigen Tag gerechnet.

Nach dem Gespräch versuchte ich erst einmal zu realisieren und zu verarbeiten, was sich an diesem einen Vormittag ereignet hatte, welche Möglichkeiten sich daraus ergaben und welche Lösungen sich boten. Vor allem versuchte ich abzuwägen, ob ich bei meiner Entscheidung, den öffentlichen Dienst zu verlassen, bleiben wollte oder mich von diesem Anruf umstimmen ließ.

Ich stellte mir bildlich vor, wie ich das Angebot annahm und den Arbeitsplatz wechseln würde. Wie ich Presseanfragen und Reden schreiben würde, die von anderen Personen geändert werden würden. Wie ich immer noch nur 30 Urlaubstage im Jahr haben würde und damit zu wenig Zeit für die mir wichtigen Dinge. Wie ich weiterhin zwischen zwei Arbeitsplätzen pendeln und meinen Antrag auf Beurlaubung zurückziehen müsste. Und dass ich in diesem Fall mir selbst nichts mehr glauben, mir selbst nicht mehr vertrauen könnte, dass ich eine Entscheidung nicht gleich wieder wankelmütig verwerfen würde.

«Hallo, Schwarzberg hier. Wegen Ihrer Anfrage: Ich freue mich, dass Sie mich für diese Stelle in Betracht ziehen, aber ich fürchte, ich kann dieses wirklich tolle Angebot, für das ich sehr dankbar bin, nicht annehmen», sagte ich.

«Aber wieso? Das ist ja sehr schade», sprach er aus, was auch ich, zumindest ein wenig, empfand.

«Ja, das stimmt. Es ist nur so, ich habe soeben meinen Antrag zur Beurlaubung für die nächsten Jahre abgegeben», antwortete ich.

Er wünschte mir viel Glück und Erfolg auf meinem weiteren Weg. Und ich legte mit einem etwas schalen Gefühl auf.

In meinen letzten sieben verbleibenden Wochen machte ich mich im Büro an die Arbeit und nur an diese. Ich fokussierte mich nicht auf zwischenmenschliche Belange meiner verstimmten Kolleg*innen, auch nicht mehr auf strukturelle Missstände oder das ganze graue Drumherum. Ich stempelte ein und versuchte, meine Aufmerksamkeit auf meine Fälle und die Menschen zu richten, in deren Dienst ich stand und denen ich in ihrem Leid gerecht werden wollte. Sie hatten Anspruch auf die sorgfältige Bearbeitung ihres Falls, die möglicherweise eine Entschädigungszahlung mit sich bringen würde. Zudem wollte ich mein Zuständigkeitsbereich ordentlich und auf einem aktuellen Stand hinterlassen, so, wie ich es auch bis zum Burnout getan hatte, damit es der zukünftigen Kollegin den Einstieg erleichterte. Sie konnte ja auch nichts für die personelle Misswirtschaft.

Nach fünf Stunden stempelte ich aus und fuhr mit der U-Bahn

166

und meinem Mittagessen auf dem Schoß zur Redaktion des digitalen Stadtmagazins und arbeitete im Grunde weiter für die Stadt Hamburg – jetzt aus redaktioneller Sicht. Das war der schöne Teil des Tages, an dem mein Tag überhaupt erst begann. Schon beim Aussteigen aus der Bahn, als ich durch die Straßen bis zum Büro lief, veränderte sich meine Gangart. Vorfreudig schloss ich die Tür auf und begrüßte die Kolleg*innen. In der Redaktion stand mindestens genauso viel Wichtiges und Unabdingbares auf dem Plan, wie es in der Behörde der Fall war. Die Inhalte waren nur weniger emotional, die Verantwortung eine andere. Statt menschlichen Schicksalen galt mein Engagement hier einem vergnüglichen Magazin. Ich genoss es sehr, die Bürde des Leides nicht mehr tragen zu müssen und mich stattdessen im Artikelschreiben zu verlieren.

Die eine Hälfte des Tages mit etwas zu verbringen, was mich schon beim Anblick des zwölf Etagen hohen weißen Gebäudes körperlich und mental einfrieren ließ, und den anderen mit ein bisschen zu viel Arbeit, war nicht optimal, das war mir bewusst, aber ich wusste auch: Das würde nicht mehr lang so bleiben. Das Ablaufdatum war gesetzt und unglücklich bei der Arbeit zu sitzen, würde in wenigen Wochen der Vergangenheit angehören. Diese Endlichkeit machte das alles erträglich. Sicherlich hätte ich den Job bei der Behörde auch einfach schmeißen oder mich krankschreiben lassen können, aber das konnte ich nicht. Ich wollte mich endlich und erstmals bei dem Prozess, durch den ich ging, im Spiegel ansehen können. Ich wollte nicht das Ergebnis, sondern vor allem die Taten, bis es erreicht war, sprechen lassen.

Der Start in die volle Selbständigkeit stand bevor, und ich wusste, dass ich mit der Redaktionsstelle zumindest nicht komplett von null starten müsste. Sie brachte nicht wirklich viel Geld, aber immerhin genug, um die Miete zu decken. Viel wichtiger aber war, dass ich auf diese Art viel übers Schreiben und Redigieren und Start-ups lernte und meine Vita um einen für mein künftiges Berufsleben relevanten Punkt erweitern konnte. Die Abi- und Jugendseite der Kleinstadt-Zeitung mit Artikeln beliefert zu haben, bringt beim Pitch um Schreibaufträge nämlich keinen so großen Vorsprung gegenüber den vielen Mitbewerbern ein.

Daneben würde ich für meine bisherigen Verhältnisse wahnsinnig viel Zeit haben, die es mit Arbeit zu füllen galt, um Geld zu verdienen. Ohne Arbeitslosengeld und Gründungszuschuss war ich auf die Unterstützung meines Mannes angewiesen. Ich wusste das zu schätzen und werde ihm dafür immer dankbar sein, aber ich wollte doch gern schnellstmöglich wieder auf eigenen Beinen stehen.

BEZIEHUNGSÜBERLEGUNGEN

Mich abhängig von anderen zu machen und mir einzugestehen, andere Menschen zu brauchen, fiel mir zu diesem Zeitpunkt schwer. Es war mir schon immer schwergefallen, aber ich war bisher noch nicht an einem Punkt gewesen, an dem mir das auch bewusst geworden wäre.

Meine Beziehungen hielt ich deswegen bis auf die anfängliche euphorische Verliebtheit versteckt. Zum einen, weil ich in meinem Leben ungeplant von einer Beziehung in die nächste gestolpert war und mir das selbst durch das öffentliche Bild, wie Beziehungen zu sein haben, nicht so recht verzeihen konnte. Man hatte in seinem Leben regelmäßig Single zu sein. Um sich zu finden, immer wieder, um all den Dingen nachzugehen, die man sonst vermissen würde, und um der öffentlichen Vorstellung gerecht zu werden, die ebendieses Bild zeichnete. Und ich glaubte daran. Also fühlte ich mich schlecht, weil es in meinem Leben keine längeren Zeiten als glücklicher und super zufriedener Single gegeben hatte, der ständig im Bett isst, einen großen Schluck Sekt direkt aus der Flasche nimmt und sich am eigenen Chaos erfreut, während er seine Katze streichelt.

Und zum Zweiten fühlte ich mich schuldig, weil ich diese Beziehungen alle gewollt und gebraucht hatte und mir diesen Punkt partout nicht eingestehen wollte. Ich sah mich selbst als unabhängige und eigentlich mutige junge Frau – nur passte das nicht mit dem Beziehungsbild überein, das ich abgab. Das zeigte eine Frau, die (wie jeder Mensch) auf Beziehungen angewiesen war, die Menschen in ihrem Leben brauchte. Ich wollte sie aber nicht brauchen müssen und sabotierte deshalb meine Beziehungen unbewusst.

Ich war wütend darüber, in meinem Leben Entscheidungen getroffen zu haben, die ich heute anders oder einfach gar nicht treffen würde, und verzweifelt, keine Historie an hübsch mit drei Dates und einem Kuss begonnenen Beziehungen vorweisen zu können, nach deren sachlichem Ende ein bisschen geweint, dann ausgegangen und sich selbst geliebt worden ist.

Bei mir standen Ängste im Raum, die mir unaushaltbar erschienen. Die Angst, das Chaos nicht durchblicken zu können und deswegen lieber einfach alles gleich aufzugeben. Die Angst, Menschen verlieren zu können und sie deshalb von Anfang an wegzustoßen oder in jedem Fall nach einer angemessenen Zeit zu verlassen, um dem Verlust vorbeugen zu können. Die Angst, der gesellschaftlichen Erwartung an mich nicht gerecht worden zu sein, weshalb ich immer eher meine Fehler sah.

Ich sah meine Beweggründe für dieses Verhalten nicht, ich sah nur weg und begründete das Gefühl, ganz schnell ganz doll unabhängig sein zu wollen mit meinem Ehrgeiz und meiner Emanzipation.

Ich war in dieser Zeit des Umbruchs für das Ausmaß der bevorstehenden Veränderung dennoch recht gelassen und spürte trotz ausfüllender Arbeit bei beiden Arbeitgebern nicht die üblichen Stresssymptome, die ich sonst aus solch fordernden Zeiten kannte. Ich hatte keine Migräne und keine Rückenschmerzen, verschleppte keine Erkältungen. Ich kam in den Schlaf und morgens aus dem Bett. Das Leben, das ich führte, stresste mich nicht mehr – was eigentlich nur bedeutete, dass ich mich nicht mehr stresste.

Es gibt viele Ansätze und Ideen, um den eigenen Umgang mit Stress zu verbessern und den Druck bis zu dem Punkt zu verringern, bei dem er als angenehm empfunden wird, um produktiv und nicht gehetzt leisten zu können. Viel wichtiger aber, als all diese Wege zu kennen, ist, den eigenen zu kennen. Auszuprobieren und zu erforschen, was für einen selbst funktioniert und sich gut anfühlt, was ins Leben und in den Alltag passt, was ganz individuell bereichernd ist und nicht zu noch mehr Wenn-Dann-Konstellationen und damit zu noch mehr Stress beim Entstressen führt.

Bei mir war es die Erkenntnis, dass ich mich entscheiden muss. Zwar ist auch Entscheidungen auszusitzen oder an andere abzugeben eine Entscheidung. Aber in jedem Fall die falsche. Die Verantwortung für meine eigenen Entscheidungen zu übernehmen, half mir, mich auf das Hier zu konzentrieren, nicht auf das Dann, das irgendwann folgen würde. Das Wie wurde wichtiger als das Wann.

Und Dinge, die ich achtlos hingenommen und von anderen bestimmt hatte lassen, bestimmte ich nun endlich selbst.

KAPITEL 6:

Leben 2.0

Trotz meiner Entscheidung fehlte mir anfänglich noch das Vertrauen in mich selbst. Ich war bisher schließlich eher die Kandidatin für die Endzeitszenarien gewesen. Für die hatte ich alle Ängste schon einmal durchlebt und geplant, sodass eine Zombie-Apokalypse mich weit weniger fordern würde, als es die geplante Selbständigkeit in den folgenden Jahren tat. Wäre ich nicht ahnungslos und bestimmt in manchen Punkten naiv in diese neue Phase gegangen – ich hätte die alte vielleicht noch nicht verlassen.

BYE-BYE, BEHÖRDE

Nach meinem Ausscheiden aus dem Beamtenverhältnis stand für mich eines ganz oben auf meinem imaginären Bedürfniszettel: Freiheit, grenzenlose Freiheit. Keine Kompromisse, kein Quälen und Durchhalten, Warten und Reagieren, sondern aktiv mein Leben voranbringen und dabei keine Einschränkungen hinnehmen. Mein ganzer Fokus lag erst einmal bei mir.

Ich bin mir sicher, dass mich das manchmal egoistisch über die Stränge schlagen ließ, und doch hätte ich nach der ganzen Zeit des an meinem eigenen Leben Vorbeilebens nicht anders gekonnt.

Die Teilzeitredaktionsstelle mit den recht flexiblen Arbeitszeiten empfand ich nach der langen Zeit der Doppelbelastung mit den zwei Arbeitsstellen kaum mehr als Arbeit. Nicht weil es keine war, aber sie fühlte sich für mich nicht danach an. Ich arbeitete gern in der Redaktion, und die zwanzig Stunden waren wenig im

173

Vergleich zu den sechzig oder siebzig, achtzig, neunzig, hundert Wochenstunden aus dem Jahr davor.

Frei, wie ich war, nahm ich mir vor, ab jetzt nur noch das zu tun, worauf ich Lust hatte, auf das, was *ich* wollte. Die ersten Tage, in denen ich noch vor dem Wecker mit leichtem Herzrasen aufwachte, weil ich so viel Zeit hatte, aber keine Aufgabe anstand, verbrachte ich mit dem Grübeln danach, was ich denn jetzt eigentlich tun wollte.

Ich hatte zuvor weder Zeit oder eigene Wünsche gehabt, noch Ziele festgelegt, um mir diese Wünsche zu erfüllen. Ich kannte ein solches Vorgehen nicht und hätte auch nicht gewusst, wie ich es hätte angehen sollen. Und ich hatte immer noch nicht verinnerlicht, dass mein Wert nicht von meiner Leistung abhängt. Also tat mein Gehirn das einzig Vernünftige, um sich nicht bewusst mit diesem neuen Gedankenmuster auseinandersetzen zu müssen: Es legte fest, dass wir jetzt die ersten dreißig Tage der Selbständigkeit mit einem täglichen Artikel im Blog für die Nachwelt festhielten.

Ich begann direkt an Tag zwei der Freiheit. So konnte ich rückblickend beschreiben, was mich am Tag zuvor bewegt hat, mir aufgefallen ist – oder eben auch nicht. Denn einen Monat lang jeden Tag spannende Gedanken und Erkenntnisse zu haben, ist schlicht nicht möglich.

Meinem Gehirn erschien dieses Vorgehen trotzdem eine gute Idee zu sein – mich mit der Ruhe und der vielen Zeit einfach der Langeweile, einem Hobby oder einem Serienmarathon hinzugeben, war keine Option für mich. Ich war nicht mehr getrieben von falschen Zielen, aber immer noch davon, endlich das Richtige zu finden.

Kurzerhand schrieb ich noch vor der Arbeit in der Redaktion, die, für mich noch ungewohnt, erst gegen neun Uhr begann, eine

Instagram-Ankündigung und überlegte mir, was wohl das Fazit des ersten freien Tages sein könnte. Vielleicht, dass ich nun morgens so viel Zeit hatte? Die ich nun allerdings damit verbrachte, mir schon vor der Arbeit Gedanken um meinen späteren Blogeintrag zu machen, und die nach der Arbeit damit, den Artikel zu verfassen – und schon war es Zeit fürs Abendbrot.

Meine Abende entspannt zu verbringen, fiel mir leichter. Jetzt war die Arbeit getan. Die jahrelange Überarbeitung hat mich das Ausspannen so verlernen lassen, dass es mir nicht möglich war, einfach mal einen Monat lang weniger zu tun. Denn ohne entsprechende Leistung hätte ich keine Entspannung verdient. Zu präsent war die Erinnerung daran, wie ich als Kind hochschreckte, weil meine Mutter überraschend im Zimmer stand und mir sagte, ich hätte dieses oder jenes nicht oder noch nicht richtig getan. Warum ich denn hier faul rumliegen würde, anstatt sie zu unterstützen.

An Tag 11 pausierte ich zum ersten Mal mit dem Artikelschreiben. Um das wettzumachen, startete ich damit, Videos zu produzieren, die zusätzlich zur Inhaltsaufbereitung noch geschnitten und hochgeladen werden mussten.

An Tag 17 war ich so gestresst vom täglichen Schreiben, Reden, Schneiden, Hochladen, Artikelvorbereiten und Kommentaremoderieren, Social-Media-Befüttern und der Arbeit in der Redaktion, dass ich eigentlich keinen Bock mehr auf das Projekt Freiheit hatte. Aber ich musste es durchziehen. Ich hatte es schließlich lautstark angekündigt, ich konnte jetzt nicht einfach aufhören. Wie hätte ich das denn erklären sollen?

Meine Angst, als sprunghaft verurteilt zu werden, auf meinem Weg nicht ernst genommen, für den Fauxpas, mein «Scheitern», abgelehnt zu werden, war zu groß und übermächtig. Ich beugte mich ihr und verbrachte meine ersten dreißig Tage im Spagat zwischen dem, was ich eigentlich wollte, und dem, was mich doch nur reagieren ließ, weil mir das Agieren irgendwo zwischen Tag zwei und zehn abhandengekommen war.

Zu diesen Ängsten und dem wiederkehrenden Leistungsdruck gesellte sich eine ausgeprägte Existenzangst, die mir trotz angekündigter Unterstützung meines Mannes und meiner Familie im Nacken saß. Sie ist eine der grundlegendsten Ängste – ist die Existenz nicht gesichert, können auch Bedürfnisse wie Selbstverwirklichung nicht befriedigt werden. Das hat schon Maslow in seiner Bedürfnispyramide dargestellt. Meine Mutter hatte mich immer vor Mittellosigkeit gewarnt, und diese Angst schlug genau jetzt zu.

Wobei natürlich die Frage bleibt, ob meine Angst berechtigt war oder mein Gehirn mal wieder einen auf Roland Emmerich gemacht und sich das nächste Weltuntergangsszenario ausgedacht hat, das sowieso nie stattgefunden hätte. Wäre es im Falle des Falles wirklich um meine Existenz gegangen oder nicht eher um materielle Verluste? Denn, so viel steht fest: Ich hätte nicht an Hunger oder Kälte oder Durst leiden müssen. Zum einen, weil es in Deutschland ein recht starkes sozialstaatliches Auffangnetz gibt. Außerdem war ich verheiratet, und das Geldthema hatten wir vor meinem radikalen Sprung in die Selbständigkeit besprochen, sodass ich wusste, dass ich nicht nur emotional, sondern auch finanziell von meinem Mann unterstützt werden würde.

Somit war es rückblickend betrachtet mehr eine materielle denn eine existenzielle Angst, die mich damals beschäftigte. Den oberflächlichen Konsum hatte ich zwar eingestellt, was einer der positiven Effekte davon war, nicht mehr den Idealen anderer nachzueifern. Aber ich wollte meinen Alltag und das Reisen nicht verlieren.

Wenn es aber keine Existenzangst war, die mich antrieb, sondern die Angst davor, das Leben, das ich führte, zu verlieren – zeigte sich darin nicht eigentlich mein fehlendes Vertrauen? Das Vertrauen darin, dass mein Leben nicht mit jeder neuen Entscheidung und Veränderung automatisch schlechter werden würde? Dass es tatsächlich *besser* werden könnte? Ich vertraute meinen eigenen Entscheidungen nicht, nachdem ich so viele Jahre so viele von ihnen aus den falschen Gründen getroffen hatte.

Meine Oma sagte mal zu mir: Alles zu seiner Zeit. Es ist einer der Sätze, die mir nachhaltig im Gedächtnis geblieben sind. Ich ermahnte mich zu Ruhe und Zuversicht. Mir wurde bewusst, welche Wahrheit dieser kurze Satz in sich barg: nämlich das Vertrauen in die Zeit. Wenn ich mein noch recht kurzes Leben ansehe, dann gab es darin einige Tiefen, aber auch immer wieder Höhen. Und auch aus den schlechten Zeiten, die ich gewiss nicht hatte erleben wollen und in denen ich lieber glücklich gewesen wäre, ist etwas erwachsen: Ich habe diese Zeiten überstanden, ich bin meist gestärkt daraus hervorgegangen, anders, mir selbst ein Stück näher, mit neuen Zielen, Ideen und Wegen, die ich ohne diese negativen Erlebnisse nicht beschritten hätte.

Schon im Juni konnte ich einen ersten großen Kunden für meine Arbeit als Autorin akquirieren, im August kamen vor allem Einzelaufträge als Texterin hinzu, und mit jedem einzelnen von ihnen begeisterte ich mich mehr für das Leben, das ich zu führen begann. Ich werde nie vergessen, wie verwundert und ungläubig ich war, mit dem Schreiben Geld verdienen zu können. Gutes Geld!

Zumindest in diesem Punkt hatte ich mir vorgenommen, für meine Ideale einzustehen: Ich wollte mich nicht unter Wert verkaufen und bestand auf faire Stunden- und Tagessätze. Zu oft hatte ich bei anderen gesehen, dass sie sich für einen Hungerlohn abarbeiteten, für ihre Vita in Agenturen Überstunden schoben, aus Idealismus ein Start-up aufbauten und sich dabei selbst ausbeuteten.

Arbeit hat einen Wert und die Menschen, die sie machen, auch. Mit schlechter Entlohnung und miserablen Arbeitsbedingungen bleibt diese Wertschätzung aus. Das ist mit meinem Idealismus nicht vereinbar. Ich wünsche mir und arbeite für eine andere Arbeitswelt, in der Menschen angemessen bezahlt und wertgeschätzt werden. Bei mir hat es mit dieser resoluten Einstellung geklappt, auch wenn es mich viele Jobs gekostet hat: Es gelang mir, ab September monatlich genug zu verdienen, um zumindest im ersten Jahr mit geringerem Steuersatz davon leben zu können. Ich war hin und weg.

ALBTRAUM: UNTER PALMEN
AM STRAND ARBEITEN

In den folgenden Monaten vertiefte ich meine Recherchen in Sachen digitales Nomadentum und schloss erste berufliche Nomaden-Kontakte, die sich häufig sogar nach Freundschaft anfühlten. Ich wollte nicht nur selbständig sein, ich wollte meine eigene Chefin werden, zeit- und ortsungebunden arbeiten, ich wollte mir selbst maximale Freiheit ermöglichen. Ich wollte weg von festgesetzten Arbeitszeiten, Meetings, kollegialem Druck und erdachten Hierarchien, von der Das-war-schon-immer-so-Mentalität und der Unmöglichkeit, auch mal über den «kurzen Dienstweg» zu agieren. Ich wollte weg von Autorität, wo es keine geben sollte.

Natürlich musste es bei mir gleich wieder das Extrem sein: weg von größtmöglicher Sicherheit, hin zu absoluter Freiheit. Wenn es in der einen Richtung nicht klappt, laufe ich eben in die genau entgegengesetzte. Damit wollte ich mich zum einen vom Alten abgrenzen, es abstreifen, deutlich machen, dass es vergangen war. Zum anderen war ich wohl wirklich überzeugt, es gebe nur Schwarz oder Weiß. Dass es Grau, und zwar in vielen Nuancen, gab, entdeckte ich erst, als ich meine Begeisterungsfähigkeit und meine Sensibilität besser einordnen konnte.

Ich strebte also maximale Freiheit an, ein hohes Privileg, das nicht jedem zuteilwerden kann. Denn dafür muss man in der westlichen Welt geboren worden sein, in Sicherheit und in Wohlstand, mit einer sozialen und rechtlichen Infrastruktur, mit der Möglichkeit zu Bildung; man muss einen Internetzugang und -kenntnisse haben – die Grundvoraussetzung für einen digitalen Lebensstil.

Dass diese Art zu leben, wie jede andere, auch kritische Aspekte mit sich bringt, wollte ich zu diesem Zeitpunkt nicht wissen. Doch hätte es mir mit einem prüfenden Blick hinter die Kulissen und reflektiertem Hinterfragen auch zu diesem Zeitpunkt schon auffallen können. Was vielen digitalen Nomaden meiner Ansicht nach fehlt, ist der moralische Kompass und die Bereitschaft, auch gesellschaftlich Verantwortung zu übernehmen. Das zeigt sich in dubiosen Geschäftsideen, die ohne wirklichen Mehrwert für die Nutzer*innen sind (digitale Nomaden zeigen für viel Geld anderen digitalen Nomaden, wie sie solche werden können, auch wenn sie selbst kaum oder wenig Erfahrung damit haben). Es zeigt sich auch in dem Antreiben anderer, die persönlichen Ressourcen zu verheizen. Dazu zählt sowohl das eigene Hustlen (zu Deutsch und ohne Ironie: abhetzen) nach dem alten Grundsatz «mit viel Arbeit kommt auch viel Erfolg», als auch die meist unbezahlte, gegen Wissen oder Reichweite oder Referenz geforderte Arbeit von angehenden digitalen Nomaden, statt sie monetär zu entlohnen. Gezwungen wird dazu natürlich niemand. Aber wenn eine ganze Riege höchst privilegierter Menschen von dieser Vorgehensweise erzählt und geschickt Einfluss nimmt, dann ist das wirkungsvoll. Was sie schuldig bleiben: die Verantwortung für die Gesellschaft des eigenen Landes oder anderer Kulturen, in denen genutznießt wird.

Damit meine ich das von vielen angestrebte Ziel, in Deutschland, also dem Land, welches das Privileg der zeit- und ortsunabhängigen Arbeit erst möglich gemacht hat, keine Steuern, eigentlich nirgendwo mehr Steuern zahlen zu müssen und sich damit der Verantwortung gegenüber anderen, weniger privilegierten Menschen zu entziehen. Die Vorteile anderer Kulturen (aus-) zunutzen, wird, weniger negativ konnotiert, auch Geoarbitrage genannt: Man lebt und arbeitet in Ländern mit niedrigen Lebenshaltungskosten, in denen man mit Baht oder Rupien bezahlt, verdient sein Geld aber in Euro oder Dollar in einkommensstarken Ländern.

Ein Leitspruch aus Tim Ferriss' Buch *Die 4-Stunden-Woche*, die als Bibel der digitalen Nomaden gilt, lautet: Ich will kein Millionär sein, ich will nur wie einer leben. Klingt verlockend, oder? Im Ausland werden also neue Places-to-be gegründet, Internet wird bereitgestellt, Personal angestellt, günstig in luxuriösen Wohnungen und Häusern gelebt. Es werden Coworking-Spaces und hippe Cafés eröffnet. Das dass nichts mehr mit dem einheimischen Lebensstil zu tun hat, wird kaum bemerkt in dieser kleinen Blase, die sich wie eine neue Kolonie in scheinbarer Individualität niederlässt und das aus den Ländern nimmt, was sie braucht – meist, ohne etwas an diese Länder zurückzugeben. Die wenigsten engagieren sich in Projekten vor Ort oder beziehen die lokale Bevölkerung in ihr «Business» mit ein. Wenn doch, stehen oft Marketing-Gründe dahinter, weil sich die neue Geschäftsidee mit ein wenig pathetisch verpacktem Leid weit besser an die überwiegend weißen Käufer bringen lässt.

So wollte ich also werden. Natürlich nicht genau *so*. Ich wollte auf der hellen Seite der Macht bleiben (wie es auch einige andere digitale Nomaden ganz bewusst tun), weiterhin einen ordentlichen Wohnsitz haben und meine Steuern in Deutschland bezahlen. Ich wollte eine Viertel- bis Halbjahresnomadin sein, die Zuhause und Reisen abwechseln lässt.

Und obwohl ich zu diesem Zeitpunkt nur mich in den Mittelpunkt stellen wollte und meine Befreiung aus einem Leben, das nicht zu mir passte, ließ ich mich wieder in ein Leben reißen, dessen Vorteile zwar verlockend klangen, deren Nachteile ich aber nicht prüfte und darüber hinaus auch nicht für mich klärte, ob diese Vorteile wirklich *meine* Vorteile waren. Denn, und da hat die digitale Nomaden-Parole sich als richtig erwiesen: Du bist der Durchschnitt der fünf Menschen, die dich umgeben. Und ich umgab mich mit den falschen Menschen.

Mittendrin statt nur dabei probierte ich aus, womit ich Geld verdienen könnte, welche beruflichen Perspektiven möglich waren und ließ mich manchmal von der dunklen Seite der Macht anziehen. Ich arbeitete nicht nur als Autorin und Texterin. Ich übernahm Tätigkeiten als Fotografin, Konzepterin, im Marketing, für Social Media und im Community Management. Verlockend war das. Schnell und viel Geld zu machen, unabhängig von den Inhalten, fühlte sich aber dennoch nie richtig oder nach mir an. Immer wieder standen meine Ideale der Gewinnabsicht entgegen. Wurde ich danach gefragt, was ich machen würde, wenn ich wirklich reich wäre, war meine Antwort immer: Ich spende die Hälfte und würde meine Arbeitszeit fürs Schreiben und für nachhaltige und humanitäre Hilfe nutzen.

Aber jetzt? Ich hatte die Behörde verlassen und war selbständig geworden, aber ich folgte immer noch dem gleichen Rhythmus des Hamsterrades. Ich hatte lediglich eine neue Wandtapete zur Aussicht bekommen. Mein Antrieb war immer noch: Erfolg. Und zwar Erfolg gemessen in Barem. Doch nach und nach wurde mir klar: Mit diesem Antrieb konnte und wollte ich mich nicht länger zufriedengeben.

ICH ENTSCHEIDE MICH FÜR MICH

Ohnehin konnte ich mich in diesen Monaten mit nichts richtig zufriedengeben. Ich hatte angefangen, das, was ich tue, sage und denke in Frage zu stellen, zu überprüfen und zu verändern. Und es fiel mir schwer, damit aufzuhören. Ich traf rationale Entscheidungen, teilweise auch aus emotionalen Gründen. Es waren Gründe für Themen, die ich zu lang hinter einer Mauer der Unzufriedenheit verborgen hatte: Weder hatte ich mir meinen Traum erfüllt, für längere Zeit im Ausland zu leben, noch mein Wort gehalten, wirklich ganz bei mir zu sein. Ich konnte mich angesichts meiner Vergangenheit, die sich voller Makel hinter mir ausbreitete, der gefühlt jede*r ansehen konnte, was falsch gelaufen war, selbst nicht ansehen.

Ich nahm nach einem erneuten zaghaften Beziehungsversuch, der zu sehr an der Vergangenheit festhielt und sich nicht mit der schwierigen Gegenwart auseinandersetzte, wieder und dieses Mal für längere Zeit Abstand von meiner Beziehung. Ich musste allein sein. Und das kann man nicht zu zweit. Und auch erklären kann man es eigentlich nicht. Nichts daran ist gut oder einfach. Aber mit dem einfachen Weg war ich bisher nicht weit gekommen. Ich versuchte es mit dem, von dem ich hoffte, dass an seinem Ende der Mensch wartet, der ich in meinem Kern war und sein wollte.

Eine glatte Fassade zu wahren, erschien mir wichtig. Was hätte ich auch sagen sollen? Hallo, ich bin Maria, auf der Suche nach mir selbst. Leider dauert es etwas länger als bei anderen, aber irgendwie ist das hier ein sehr inniger Prozess. Er verändert mich und mein Leben und ja, danke, dass ihr fragt, er macht mir so arg viel Angst, dass ich kaum klar denken kann. Kennt ihr eine Alternative?

Ich sah jedenfalls keine, als alles aufzugeben und neu zusammenzusetzen. Meine Therapie endete nach einem Jahr. Ich zog aus der gemeinsamen Wohnung aus und wohnte zum Übergang im Arbeitszimmer eines Freundes, dann in einer WG mit zwei mir fremden, aber sympathischen und ebenso ruhesuchenden und -wahrenden Frauen. Ich erlebte die Phasen des Single-Daseins, wie die der fulminanten Leugnung und Ablenkung, in der ich mich allem hingab, was keine Ruhe oder Stillstand bedeutete. Ich ging wahnsinnig viel aus, trank und rauchte und feierte die Nächte durch, denn die Tage brauchte ich gerade nicht so sehr. Mein Interesse an gewohnten und mich an mein zurückgelassenes Leben erinnernde Tätigkeiten fanden keinen Raum mehr. Ich ließ mich auf Menschen ein, die mir das Gefühl gaben, ich müsste die beste Version meiner selbst sein, rechtfertigte dies damit, dass sie es sind, die mich antreiben und zu Verbesserungen meiner selbst bewegen, und auf solche, die mich mit all meiner Düsterheit und Melancholie einfach annahmen und auffingen. Ersteren war ich zugetan, Letzteren nicht. Ich konnte es nicht ertragen, gemocht und umsorgt zu werden, ein Mensch mit Bedürfnissen und Ängsten in einer schwierigen Lebensphase zu sein. Ich wollte nicht mehr und immer noch in diesem Zustand sein und bestrafte mich für meine Fehler.

Ich wählte die Menschen, durch die ich mich optimieren musste, und lehnte die ab, die versuchten zu helfen. Enge Freunde, die das hätten erkennen können, hielt ich auf Distanz zu mir. Ihre Versuche, mir näherzukommen, blockte ich mit scheinbarer Überlegenheit im Wissen um mich und meine Gedanken ab und argumentierte ihnen meine Entscheidungen so lang, bis ein Zusammenhang entstand, den ich selbst glaubte. Traf ich auf Unbekannte, die ehrlich an mir interessiert waren, empfand ich sie als schwach, weil sie mich mit meinen Schwächen als liebenswürdig betrachteten. Ich verwehrte mir immer noch, meine Bedürfnisse zu erkunden, und entschied mich weiterhin dafür, Lebensvorstellungen anderer als richtig und erstrebenswert anzusehen.

Ich hätte es mir selbst eingestehen müssen, dass Selbstfindung in diesem Stadium keine Freude, sondern reiner Schmerz war, der jeden Tag aufs Neue mit dem Weckerklingeln einsetzte und mich einmal und noch einmal im Bett umdrehen ließ.

Ich sammelte Augenblicke. Solche, die ich schon längst gesammelt haben wollte, und solche, von denen ich noch in Jahren sprechen würde. Augenblicke, die eben, so meinte ich, das Leben als Mittzwanzigerin ausmachten. Völlig klar, dass dabei Erinnerungen entstanden sind, die ich lieber missen möchte, und solche, die sich als Wendepunkte anfühlten, weil sie neue Gedanken und damit einen Anfang anderer Überzeugungen in mir auslösten.

Ich traf in dieser Zeit viele Fehlentscheidungen, gerade wenn es um Menschen, Dates und aufregende Erfahrungen ging, aber auch sehr viele sehr gute. In jedem Fall probierte ich all diese Dinge, die ich mir bis dahin selbst verboten hatte. Meine fälschlich gesteckten, an die Norm angepassten Grenzen hob ich auf, als ich sie nicht mehr länger ertragen konnte oder halten wollte. Es bot sich die Möglichkeit, aus den Fehlentscheidungen Konsequenzen zu ziehen. Was mir nicht gefiel, wiederholte ich nicht und verbuchte es als Erfahrung. Was mir Freude brachte, wiederholte ich. Es hatte die Chance, Gewohnheit zu werden. Dabei versuchte ich weiterhin, mich selbst in Schablonen und Muster zu fügen, um ein Rollenabbild einer Persönlichkeit zu sein. Ich schubladisierte mich und stresste mich in dem Versuch, einem Stereotyp zu entsprechen.

Mir wurden Menschen auf diesem Weg zu mir selbst bald überdrüssig, und ich beschloss, dass ich bereit für die Hürde bin, die ich mich bis dahin nie zu nehmen getraut hatte: die des wirklichen Alleinseins. Der Berauschung an der Großstadt Hamburg, die sich selbst nach all den Jahren noch nicht wie zu Hause anfühlte, war ich nach einigen Monaten überdrüssig.

Das Reisen ließ mich nicht auf ein Ziel zulaufen, es war neben all den Eindrücken ferner Länder, neuer Menschen sowie kultureller und kulinarischer Einblicke eine Flucht aus einem Alltag, den es mir nicht zu gestalten gelang. Der Weitblick, den es mit sich bringen kann, den Ort zu wechseln – er wollte sich mir nicht offenbaren. Das mag auch an der beruflichen Müdigkeit gelegen haben, die mich in der Welt der digitalen Nomaden umgab. Sie redeten am Ende sowieso alle über dasselbe, nur an anderen Orten.

Es ging um die immergleichen Morgenroutinen, küchenpsychologischen Phrasen, wie man produktiv und kreativ den Tag nutzen kann, von der Freiheit der Einzigartigkeit, in der sie sich wie Mehrlinge glichen. Und um die Optimierung der eigenen Persönlichkeit, als wäre das Leben ein Jump-and-Run-Spiel, in dem es darum geht, möglichst früh aufzustehen, einer festgelegten Abhandlung morgendlicher Pflichten zu folgen, um maximal wach, fit und konzentriert arbeiten zu können. Gesundheitliche Maßregelungen füllten neben dem Erkunden und freundschaftlichen Netzwerken die Freizeit, sodass selbst die wiederum zur Arbeit wurde, weil sie Inhalte lieferte, die es dann beruflich an andere als Lebensstil zu verkaufen gilt. Eine super optimierte, hochprivilegierte, kapitalistische Funktionalität, die untereinander als frei und unabhängig deklariert wurde.

Ich bemerkte immer mehr, dass sich das für mich nicht richtig anfühlte. Dass ich kein Teil dieser Bewegung und ihrer Werte sein wollte. Ich konnte mich immer weniger damit identifizieren, begann kritisch und reflektiert auf die negativen Seiten aufmerksam zu machen, die eben alle Lebensstile mit sich bringen. Ich erkannte mit der kritischen Auseinandersetzung, dass ich beruflich einen gesellschaftlichen Mehrwert erschaffen wollte. Einen, der einem wichtigeren Zweck als meiner eigenen Bereicherung dient. Ich erkannte auch, dass ich dabei nicht mehr als dreißig Stunden arbeiten wollte. Dass Teilzeit, die nicht immer ernst genommen wird und häufig berufliche Einbußen bedeutet, für mich persönlich sehr erstrebenswert war. Warum Unternehmer*innen ihre Wichtigkeit aus der beruflichen Unabkömmlichkeit ziehen, erklärte sich mir nicht. Ich war nicht selbständig geworden, um mich weiterhin in den gesundheitlichen Ruin zu arbeiten. Ich fing an, es zu mögen, so viel freie Zeit zu haben, die ich für mich nutzen konnte. In mir schlummerte weiterhin der Wunsch, mich für gute Zwecke einsetzen zu wollen. Und ich hatte keine Ahnung, wie mir das gelingen sollte.

Also beschloss ich endgültig, mit mir allein zu bleiben, bis es mir nicht mehr schwer-, sondern leichtfiel. Bis ich dabei keinen Zwang mehr empfand und keine Ängste. Weder vor dem, was mir in dem Alleinsein begegnet, noch was ich deshalb verpassen könnte. Ich wollte es so lang versuchen, bis ich wieder Freude am Sein und meinem Alltag empfinden könnte, bis ich meine Freunde wieder an mich heranlassen und mich selbst ertragen könnte, ohne mich ständig verbessern zu wollen. Ich ahnte, dass die Dinge miteinander verknüpft waren: die Selbst- und die berufliche Findung. Eines würde sich mit und aus dem anderen ergeben. In jedem Fall die berufliche Findung nicht ohne die von mir. Ich entschied mich erstmals dazu, mich nur auf mich zu konzentrieren.

HOCHSENSIBILITÄT WIRD MEIN BERUF

Zwei Jahre nach dem Burnout ging es mir also besser, aber nicht gut. Die Sinnkrise, die ich in einem begeisterten Versuch von Selbständigkeit zu vertagen versucht hatte, forderte ihren Tribut in der auf Eis gelegten Ehe, dem Auseinanderleben mit Freunden und der neuen Entscheidung, alle Freelance-Jobs, die ich zu diesem Zeitpunkt innehatte, abzustoßen, um zu versuchen, meinen (Arbeits-)Alltag mehr nach meinen Vorstellungen und Idealen auszurichten.

Mir war klar, dass ohne Job auch kein Geld mehr da sein würde. Aber ganz zu Ende hatte ich die Entscheidung nicht gedacht – oder war zu naiv im Versuch, in die Zukunft zu vertrauen. Mich zu grämen und in Endzeitszenarien aufzugehen, erschien mir trotz all der Versuchung, die Melancholie wieder mit Wein und Zigaretten zu begrüßen, jedoch wenig lösungsorientiert. Ich hatte mich zu lange mit ihnen aufgehalten und war so satt vom Gefühl der Traurigkeit und Schwere. Mit den immergleichen Wegen würde ich nie zu meinem neuen Ziel von Leichtigkeit und Zufriedenheit gelangen.

In mir wuchs in diesen Monaten das Gefühl, dass meine Sensibilität auch etwas Positives beinhaltet. Mich in meinem Alleinsein zu beschäftigen, fiel mir überraschend leicht. Ich hatte so viele introvertierte Hobbys, von denen so viele auch noch preiswert waren, dass es mir an Beschäftigung nicht mangelte. Ich wusste mich erstaunlich gut in der vielen Freizeit ohne Job und Geld zu beschäftigen, ohne vor Sorge oder dem Gefühl von Stillstand durchzudrehen. Vielmehr trug mich jetzt der Gedanke, dass ich es leid war, mich für meine Emotionslage zu entschuldigen. Nicht nur für die, auch für mich und diese Sensitivität, die meine versteckte Partnerin in den anstrengenden Jahren gewesen war, mit der ich meinem Herzen nachhing und -ging, alles in meinem Kopf reflektierte und immer den Bauch um Rat fragte – auch wenn ich die Lösungsvorschläge dann entgegen meiner Intuition ablehnte und mich lieber an die äußeren Gegebenheiten anpasste.

Es war eine Zeit, in der ich immer häufiger nicht nur mit sich langsam annähernden Freunden, sondern auch innerhalb meines beruflichen Netzwerks über Hochsensibilität sprach. Wie über eine heimliche Schwärmerei, die man ein, zwei, zwölf Mal im Nebensatz erwähnt, sodass jede*r vor einem selbst begreift, was da gerade passiert. Die Sensibilität war meine Schwärmerei, weil ich sie nicht mehr nur als Last, sondern endlich auch als Vorteil begriff. Hörte ich ihr zu und richtete mich nach meinem Bauchgefühl, waren Entscheidungen nicht unbedingt leicht, aber zumindest bereute ich sie im Nachhinein nicht.

In meinem Alleinsein lernte ich sie zu schätzen, begrüßte sie fast wie einen alten Freund aus Kinderzeiten und erinnerte mich an die einst schönen Erlebnisse mit ihr. Das war ein gutes Gefühl. Keines der Euphorie oder der absoluten Melancholie, aber eines, das beständig war.

Ich gab ein erstes Interview über Hochsensibilität und wie sie vor allem meine Arbeit als Autorin beeinflusst, weil meine Fähigkeit, andere Menschen mit in ein Gefühl zu nehmen, durch eine Geschichte zu führen und mit einem Gedanken zurückzulassen, mir nur durch sie möglich ist. Das Interview rief große Resonanz hervor. Ich begann, in den sozialen Medien und in Essays über die

Auswirkungen meiner Sensibilität zu schreiben, und wie es mir immer besser gelingt, sie zuzulassen. Ich schrieb über dieses stigmatisierte Thema mit erstaunlicher Leichtigkeit, wo sonst gerade bei mir in Bezug auf Selbstfindung eigentlich Schwere Einzug hielt, die das drückende Gefühl in mir verstärkte. Nun schrieb ich über all die Probleme, die mit der Sensibilität einhergehen, aber auch über die schönen Momenten, Erfahrungen und den Nutzen dahinter. Und ich schrieb darüber, ohne die esoterische Fahne mit den Duftölen zu schwingen oder Coaching-Weisheiten zu erteilen. Ich machte mich frei. Ich war ich und greifbar und nah; ich war ein Mensch, der seine Erfahrungen teilte. Genau damit konnten und wollten sich andere Menschen identifizieren und ließen sich ihrerseits hinter die Mauern blicken, die sie – wie ich zuvor – sehr hoch um sich gebaut hatten, damit ihnen niemand zu nah kommen und sie verletzen kann. In ihnen sah es ähnlich wuchtig gefüllt und zweifelnd getrieben aus: Ob sie richtig sind, wie sie sind? Warum sie anders sind? Wie sie «normal» werden könnten? Ob sie das sollten oder wollten? Warum sie das aber doch nicht schafften?

Ich sah, wovon ich vorher nur in Artikeln und Berichten gelesen hatte: Ich war so was von nicht allein. Ich wusste, dass es so viel mehr Menschen gab und gibt, die mit den gleichen oder ähnlichen Problemen hadern und die das gleiche Potenzial in sich tragen wie ich, damit zufrieden statt davon getrieben zu sein.

Mit der Zeit wuchs die Idee, einen Podcast aufzubauen und meine berufliche Zukunft auf sensible Themen zu fokussieren. Der Name für diesen Versuch war schnell gefunden: Proud to be Sensibelchen. Stolz darauf, ein Sensibelchen zu sein. Bewusst wählte ich das Wort *Sensibelchen*, das sonst eher negativ besetzt ist, um ihm mit dem Stolz eine positive Bedeutung gegenüberzustellen, um im Gesamtbild eine Brücke zu schlagen. Für jede*n persönlich, gerade aber im gesellschaftlichen Kontext. Dennoch ließ ich diese Idee ganz bewusst noch eine Weile liegen und sprintete nicht wie sonst los, um alles schnell in die Wege zu leiten, als könnte die Idee oder ihr Wert vergehen. Ich ließ sie liegen, weil ich an die Stärke des Themas glaubte, aber eben auch daran, dass die Idee in einigen Wochen noch Bestand haben würde. Und weil ich daran zweifelte, dass ich ihr wirklich schon gewachsen war.

Ich empfand mich weiterhin als nicht «fertig» genug mit meiner Vergangenheit und Persönlichkeit, als dass ich zu einem solch komplexen und vielschichtigen Thema wie der Hochsensibilität und dem erst seit kurzem eingesetzten Wandel, genau das nicht als Makel sondern als Stärke anzusehen, wirklich Auskunft und Stellung hätte beziehen können. Ich war der festen Überzeugung, erst an mir arbeiten zu müssen, ehe ich mich beruflich damit beschäftigen dürfte. Eine Frau zu sein, die über ihre Erfahrungen berichtet und andere mit ihren Erfahrungen und Expertise zu Wort kommen lässt, schien mir als Legitimation nicht ausreichend. Ich musste, dachte ich, mir erst selbst noch mehr Expertise aneignen.

Gleichzeitig wollte ich den Weg zu dieser Expertise und die Umsetzung meiner Idee genießen – und eben nicht nur das Ziel erwarten, das ich vor mir sah. Ich war so satt von Zielen, dass mir der Weg dorthin erstmals bedeutungsvoller vorkam. Und ich fühlte, dass ich mich hier eines Themas annahm, das meine Persönlichkeit geformt hatte, das meine Vergangenheit, Gegenwart und Zukunft war, das meine Fähigkeiten ausmachte, das mir meine Fähigkeit gab. Es war keine schriftstellerische Nische, nach der ich suchte, es war ein Wert, den ich in meine Arbeit legen wollte: echten Mehrwert für andere. Die Verantwortung, die mit diesem beruflichen Schritt einherging, war groß und konnte Konsequenzen mit sich bringen, die sichtbar waren und nicht nur mehr mich betrafen. Und deswegen wollte ich es endlich einmal richtig machen.

Es erschien mir sinnvoll, mich für ein Coachingmodul anzumelden, um mir Kenntnisse anzueignen. Der Ansatz dahinter war die neurolinguistische Programmierung, also die Annahme, Gedanken mittels Sprache grundlegend verändern zu können. Sprache war mein Metier, und ich wollte meine und die Gedanken anderer helfen zu verändern. Außerdem hatte ein Bekannter den Kurs besucht und ihn mir empfohlen. So landete ich also in meinem ersten Persönlichkeitsentwicklungsseminar, von dem ich mir erhoffte, grundlegendes Wissen und Erfahrungen vor allem auch zeitlich schneller zu erlangen. Maria war wieder auf der Überholspur, die typischerweise mit dem Rauswinken auf dem Seitenstreifen endet. Ich war neugierig und sog wie üblich alles Wissen auf. Hier ging es um mich und meine verkorkste Psyche, die ich richten wollte: Aufmerksamer hätte ich kaum sein können. Wir sprachen über Menschen, Gehirne und Psyche, warum wir ticken, wie wir ticken, und vor allem darüber, wie wir uns das positiv zunutze machen könnten, statt uns auf das Negative zu fokussieren.

Wir alle sind von unserer Herkunft, durch bessere oder schlechtere Erlebnisse geprägt worden – im Fokus des Seminars stand jetzt die Frage, wohin wir damit wollten, für welchen Weg wir uns entscheiden. Hier wurden mir Wissen und Methoden vermittelt, von denen ich noch nie zuvor gehört hatte, weil in der Schule eher über Mitose, Photosynthese, Elektronen, Flüsse, Erörterungen, Vokabeln und Algebra gesprochen worden war. Nicht dass diese Dinge nicht wichtig wären, doch ich komme immer wieder zu dem Schluss, dass in der Schule auch grundlegendes Wissen über unsere Psyche vermittelt werden sollte.

In den Seminaren wurden mir neue Fragen gestellt und neue

Zusammenhänge aufgezeigt: «Ich male einen Zeitstrahl an die Tafel. Den lassen wir bei 80 enden. Das ist heutzutage ein recht realistisches Durchschnittsalter», sagte der Trainer zum Beispiel und zeichnete einen Strich am Ende des Zeitstrahls, den er mit «Tod» beschriftete. Er fügte auch einen Strich für die Geburt hinzu und fragte weiter: «Schauen Sie mal, wie alt sind Sie? Wie viel Zeit Ihres Lebens ist bereits verstrichen?» Das saß, so einfach der Trick auch war. Ein Viertel meines Lebens war in jedem Fall um. Im Alter ist es ja mit der Gesundheit und Fitness wahrscheinlich nicht mehr so gut bestellt, und aus meiner jungen Perspektive ist das Leben quasi mit 50 schon recht am Ende. Und bis dahin blieben mir nicht einmal mehr fünfundzwanzig Jahre. Wenn ich nicht vorher einfach mit einem Herzinfarkt wegen des ganzen Stresses aus den Latschen kippte. Wollte ich die verbleibende Zeit weiter mit Rumheulen über mein vergangenes Leben verbringen, das im Rückblick sowieso nur mit dem Zurechtbiegen von Kausalitäten, nicht aber in echt zu ändern war? Weiter Texte schreiben, die nur allzu vergänglich waren, weil sie sich nicht von den anderen unterscheiden, mit denen das Internet vollgeschrieben ist? In WGs wohnen, weil ich mir selbst ein Single-Dasein und eine Gemeinschaftswohnung auferlegt hatte, das ich mir mit zwanzig aus gesellschaftlicher Anpassung gewünscht, aber nicht genommen hatte? Mit zu vielen Nächten in Bars und Kneipen, die keine wirklich wichtigen Erinnerungen, sondern nur den gleichbleibenden Strom dramatischer Erlebnisse und den Geruch von Schnaps und Rauch in der Jacke hinterließen? Mit Katern am Wochenende, sodass alle anderen Betätigungen unausgelebt blieben? Mit all diesen Möglichkeiten vor der Haustür in meiner WG auf St. Pauli, von denen ich doch nie eine nutzte, weil *ich* sie super fand, sondern andere?

In meinem Kopf überschlugen sich die Gedanken: Will ich

wirklich jeden Tag verschlafen, weil ich keinen Antrieb zum Aufstehen habe? Will ich meine Morgen vertrödeln, will ich mittags schon denken, dass der Tag eh hin ist, und ich deshalb keines meiner Hobbys mehr auf die Reihe bekomme? Sind das überhaupt «meine» Hobbys? Will ich abends immer noch so rastlos sein, dass ich nicht einmal die Ruhe zum Lesen habe?

Mein Mut wurde mit einer Portion Motivation gespickt und wandelte sich in eine Energie, die ich nutzen statt betäuben konnte. Außerdem buchte ich in meinem Eifer gleich zwei weitere NLP-Module, um den/die «kleine/n Coach» zu machen. Das ist keine vollständige Coaching-Ausbildung, aber ein Anfang, mit dem Grundwissen vermittelt wird und erste Schritte als Berater*in möglich sind, ohne dass eine Zertifizierung nach dem deutschen Verein, dafür nach dem Institut, an dem man der Ausbildung nachgeht, erfolgt. Das erschien mir vorerst als geeignete Legitimation, den Podcast zu starten, und alles, was damit einhergehen sollte.

Die folgenden Wochen des Alleinseins nutzte ich, um zu lesen, spazieren zu gehen und Netflix zu gucken, bis die Abogebühren für Netflix wegen des kontinuierlichen Geldmangels nicht mehr von meinem Konto abgebucht werden konnten und meine finanzielle Lage doch ernst wurde. So ernst, dass zum Monatsanfang der Dispo ausgenutzt war, ohne dass Miete oder die Krankenversicherung abgebucht worden waren, und der Geldautomat damit sagte: kein Geld zum Einkaufen. Ich versuchte, mich mit Hilfe meiner Familie, Freunde, kurzzeitigen Freelance-Aufträgen, auch wenn ich die eigentlich nicht mehr wollte, und Sparsamkeit über Wasser zu halten. Ich dankte meinem Vermieter für seine Geduld, wenn das Geld (mal wieder) später einging als es verabredet war, und ich legte meine Zahlungen an die Krankenversicherung auf Eis. Ich hatte gelesen, dass das drei Monate gutgehen sollte, die mir damit blieben, um wieder zu Geld zu kommen, bevor aus ernst richtig ernst werden würde.

Den beruflichen Anteil der Zeit mit mir allein verbrachte ich damit, die Freelance-Jobs abzuarbeiten, um nicht völlig in Geldnot abzusaufen, und das Konzept für *Proud to be Sensibelchen* auf Papier und in meinen Kalender zu bringen. Da standen jetzt Termine, an denen ich Podcast-Folgen aufnehmen, die Website bauen, Interviews vereinbaren, zumindest die grundlegenden Dinge für den Podcast-Schnitt lernen, meine Social-Media-Kanäle umbenennen und Visitenkarten in Auftrag geben wollte (immer ganz wichtig: Visitenkarten drucken lassen, bevor etwas steht!). Und dann, für den 1. Juli 2017 stand im Kalender: «Start! Erste Podcastfolge geht online!»

Die kritische Stimme, die da sonst so laut in meinem Kopf stänkerte, war leiser gestellt, auch wenn ich ein Projekt an den Start brachte, bevor ich mich wirklich bereit dafür fühlte und bevor mein Perfektionismus und meine Sensibilität es für gut genug befunden hatten. Gut war das, sonst wäre wohl bis heute keine Podcast-Folge veröffentlicht worden.

PROUD TO BE SENSIBELCHEN
STARTET DURCH

Der Podcast stieg gleich in den ersten Tagen in die Top 10 der Podcastcharts auf iTunes ein, einer der Gradmesser für den Erfolg von Podcasts. Vor allem, wenn der Podcast dort auch bleibt. In der ersten Woche veröffentlichte ich jeden Tag eine Folge, damit Hörer*innen schnell neue Inhalte vorfinden konnten, wenn sie aufmerksam wurden. Zukünftig sollten es dann vorerst zwei Folgen pro Woche werden. Inhaltlich waren es Einzelfolgen, in denen ich über meine Erfahrungen sprach, Interviews, in denen ich mit anderen Menschen über ihr Wissen und ihre Erlebnisse um Sensibilität sprach, und Lesungen, in denen ich aus meinen bereits erschienenen sensiblen Texten las.

Dazu gab es Einblicke in meine Arbeit auf Instagram, die sich nun auf den Fokus Sensibilität ausrichtete, sowie eine Facebook-Gruppe zum Austausch, die die/der digitale Freund*in für Themen der Sensibilität sein sollte, wo ein*e echte*r vielleicht fehlte. Auf der Website, auf der all das zu einer Plattform für Sensibilität zusammenkam, findet sich auch der Kurztest zur Hochsensibilität von Elaine Aron, den ich ins Deutsche übersetzte. Er soll einer ersten Einschätzung der eigenen Sensibilität dienen. Ich wusste, was mich selbst zu Beginn der Konfrontation mit meiner Hochsensibilität interessiert und mir in den Weiten des Internets und der Bücherregale gefehlt hatte. Die Antworten darauf konnte und wollte ich mit *Proud to be Sensibelchen* weitergeben.

Weitaus bekanntere Menschen als ich wurden auf meinen Podcast aufmerksam, teilten und empfahlen ihn, sodass die Hörer*innenzahlen und Follower*innen rasant wuchsen. Ich hielt erste, ganz kleine Workshops über Hochsensibilität und beriet andere Menschen im Umgang mit ihrer besonderen Eigenschaft. Und ich tat das, was ich mit meiner jungen und wenigen Erfahrung am besten konnte: Ich nahm alle Hörer*innen, Leser*innen und sonstigen Interessierten mit auf diese Reise zu mehr Wissen, mit auf meinen Weg, mit in die Hochs und Tiefs und auch dahin, mit ihnen besser umgehen zu lernen; mehr gute Gefühle gegenüber meiner Sensibilität zu entwickeln.

Ich wollte nicht nur Hilfe in Form von Wissen, Erfahrung und Austausch bieten, ich wollte vor allem das gesellschaftliche Stigma um dieses Thema lösen. Zu häufig hatte man mich gefragt, ob ich «denn immer so sensibel sei?», mir gesagt, «dass ich mich nicht so anstellen» und «mir ein dickeres Fell zulegen» solle. Mit diesen Sätzen drückte sich für mich das mangelnde Verständnis für sensible Menschen aus. Ich fühlte mich stets unverstanden und für eine Eigenschaft kritisiert, die ich dann jahrelang versuchte abzulegen, obwohl sie eigentlich eben auch eine gute ist. Der Überzeugung anderer, dass sie es nicht sei, maß ich mehr Richtigkeit als meinem eigenen Empfinden von Erschrockenheit und Empörung über diese anmaßende Grenzüberschreitung ungefragten Feedbacks bei. Und diese Sicht auf einen angeborenen Wesenszug machte es so vielen Menschen so verdammt schwer, einfach sie selbst zu sein.

Der berufliche Erfolg, von dem ich so lang dachte, ich wollte ihn, er kam mit dem Projekt *Proud to be Sensibelchen*. Während ich mich selbst noch fragte, woher, folgte die Antwort darauf täglich in etlichen Nachrichten und Mails: Die Inhalte, die ich lieferte, die Verpackung, die ich wählte, und meine persönliche Geschichte und Person schienen zu inspirieren. Es gelang mir tatsächlich, ein Stück weit den Deckmantel des Schweigens von der Sensibilität zu heben und Menschen positiv darin zu beeinflussen, ihre Sensibilität zu sehen, darüber zu sprechen und sich dieser anzunehmen.

Während ich das schreibe, kommt das Imposter-Syndrom in mir auf: die Überzeugung, dass ich zu hoch staple, weil ich doch eigentlich nichts kann, nur Glück hatte und genau das bald allen auffallen würde. Denn: War dieser Erfolg wirklich mein Verdienst? Hatte ich tatsächlich nicht nur einfach Glück gehabt?

Eine klassische Denkweise, vor allem vieler Frauen. Während Männer sich teilweise ohne großartige Expertise einzig über ihr Ego verkaufen und damit auch noch punkten, stellen wir uns und unser Können selbst bei herausragenden Leistungen noch unter den Scheffel und suchen nach Legitimation von außen, um endlich an unser Talent oder unsere Arbeit glauben zu können.

Ich brauchte eine Weile dafür, aber heute kann ich schreiben: Das war eine großartige Idee, Maria, die du bravourös umgesetzt hast. Für die du Prioritäten gesetzt und Entscheidungen getroffen hast. Du darfst stolz sein. Auf dich, auf *Proud to be Sensibelchen*. Und nein, Maria, es ist nicht vermessen oder peinlich, das genau so auszudrücken. Du hast eine von dir empfundene Schwäche deiner Intuition und aller Widerstände zum Trotz zu einer Stärke gemacht. Applaus.

Meine Angst, nicht gut genug zu sein, war trotz des ersten Erfolgs sehr, sehr groß. Zumal ich alles auf diese eine Karte gesetzt und alle Auftragsarbeiten (wieder) abgegeben hatte.

Natürlich wollte ich auf Dauer mit dem Podcast-Projekt Geld verdienen. Ich finde es mitunter erschreckend, welche Umsonst-Mentalität in Deutschland, gerade in der digitalen Welt, Einzug erhalten hat und wie viele Menschen erwarten, alle digitalen Inhalte, über die sie sich informieren, stets und ständig gratis serviert zu bekommen. Sei es über die öffentlich-rechtlichen Medien, die sich via GEZ-Gebühren finanzieren, über die sich beschwert wird, das private Fernsehen, Radio und Magazine, die Werbung schalten, über die sich aufgeregt wird, oder der neuere Zweig einflussreicher Menschen, die vor allem Meinungsmedien bieten. Schalten diese Werbung, um die Arbeit über Dritte statt die eigentlichen Nutzer*innen finanzieren zu lassen, wird sich dann natürlich auch beschwert. Doch dass hinter all diesen Medienangeboten Menschen stehen, die ihre Miete, ihre Reisen und Essen mit Freunden, die Bildung ihrer Kinder und etwaige Hobbys, Gartengeräte, Fahrräder, Autos und Nahrungsmittel bezahlen wollen können, rückt hinter dem eben unpersönlichen, weil informellen Medium in den Hintergrund. Von Liebesbriefen allein kann man nicht leben. Ich wollte meinen Lebensunterhalt mit diesem Projekt bestreiten können. Alles andere wäre eine Utopie und auf Dauer nicht leistbar.

Nach wenigen Monaten der Zuversicht war ich inzwischen doch panisch vor Sorge, bald finanziell ruiniert zu sein. Monat drei der ausgebliebenen Zahlung an die Krankenversicherung brach an, und meine Scham, nach Hilfe zu fragen, wurde unerträglich groß. Ich fühlte mich trotz des äußerlichen Erfolgs wie eine Versagerin, der es nicht gelingt, in der Selbständigkeit langfristig auf finanziell sicheren Beinen zu stehen.

So also fühlte sich der nach außen glamouröse Start von *Proud to be Sensibelchen* in der Realität an. Ich bemühte mich darum, weiterhin an mich und meine Fähigkeiten zu glauben, auch wenn ich das nie richtig gelernt hatte. Ich sagte mir selbst Dinge wie, dass die Frage nicht lauten müsse, *ob* es klappt, sondern nur *wann*. Bis dahin müsste ich durchhalten. Denn die einzige Option, die mir blieb – aufzugeben und zurück zur Behörde zu gehen –, wollte ich um jeden Preis vermeiden. Ich setzte mir selbst eine Deadline, bei der ich diese Option nutzen würde: 20 000 Euro Schulden. Hätten sich die angehäuft, würde ich die Notbremse ziehen. 20 000 Euro war eine Summe, die ich in der dann aufzuhebenden Beurlaubung bei der Behörde in einem Jahr abarbeiten könnte – um dann einen neuen Versuch in der Selbständigkeit zu starten.

Im Strudel dieses ersten Erfolgs, von dem ich natürlich entgegen aller guten Gedanken, die ich mir erzählte, dachte, er könne jederzeit wieder abreißen, fiel es mir schwer, meinen Fokus zu lenken. In den letzten Monaten des Alleinseins hatte ich zumindest ansatzweise erfahren, wie sich meine Bedürfnisse anfühlten. Ich hatte gelernt, dass ich zwischen acht und neun Stunden Schlaf brauchte, um erholt zu sein und den kommenden Tag wirklich nutzen zu können. Ich hatte bemerkt, dass mir das WG-Leben wegen der fast permanenten Präsenz anderer Personen schwerer fiel, als ich es erwartet hätte, weil alle anderen das doch aushalten konnten. Wie viel Ruhe und Zurückgezogenheit ich eigentlich brauchte und genoss, erfuhr ich erst in der Zeit, die ich mir endlich dafür nahm. Vorrangig, wenn die Mitbewohner*innen zur Arbeit, auf Reisen oder ausgegangen waren. Ich stellte auch langsam fest, welche Arbeitsbedingungen sich gut anfühlten und welche nicht. In welchen Zeiten ich produktiv war, in welchen kreativ. Welche Tees ich mag und wie viel Tage ich ohne Sonne aushalte, bevor es mir aufs Gemüt schlägt.

Das waren Anfänge. Kleine Schritte, mit denen ich mir selbst näherkam. Die Angst, falsch zu sein, wich mit jeder Entscheidung, die ich für mich traf und die positive Erfahrungswerte hinterließ. Viele positive Erfahrungen ersetzten alte, negative, die durch Fremdbestimmung entstanden waren. Ich mochte es, morgens ausgiebig und genießend zu frühstücken. Regen störte mich eigentlich gar nie, er erlaubte es mir, zu lesen und auszuspannen, ohne dass ich mich schlecht fühlen müsste, weil ich keine Freund*innen traf. Ich bemerkte, dass ich wirklich ein großes Maß an Ordnung brauche, und das kein Tick ist, sondern eine notwendige Struktur, damit in meinem Kopf kein Chaos entsteht. Dass ich mir für alles eigentlich gern Zeit nehme, stellte ich ebenso fest, wie dass ich sie mir zu selten gab oder nahm.

Manchmal passierten mir Fehler, ich fiel in altbekannte Muster aus Angespanntheit und Stress und musste neu ansetzen, aber auch das versuchte ich als Teil dieses Prozesses zu verstehen, den ich immer wieder vor mir hergeschoben hatte und jetzt nicht mehr aufhalten wollte. Diese Gesamtheit der Erfahrungen besteht aus negativen und positiven Rückmeldungen meines Körpers und Gehirns. Kurzfristig mögen dabei schmerzhafte und falsche Emotionen entstehen, aber langfristig zeigte dieses Ausprobieren in die richtige Richtung.

Es gelang mir immer öfter, auf mein Bauchgefühl zu vertrauen, obwohl ich mich in einigen Gebieten immer noch unwohl mit ihm fühlte und meiner Intuition ihre Fähigkeit absprach. Aus reinem Zweifel an meiner Entscheidungsfähigkeit, die ich in den letzten Jahren so ignoriert und damit mein Leben in eine Vorstellung anderer geleitet hatte.

SELBSTAKZEPTANZ

Meine Familie war es, die mich nach den Jahren des Schwächelns und mit mehr oder minder guten Einfällen und Versuchen wohlwollend und anklagefrei empfing. Sie haben mich in meinem Weg bestärkt und dabei unterstützt, auf meine Entscheidungen zu vertrauen, in dem sie mir diese nicht absprachen. Es war schön, wieder mehr Teil meines vor allem väterlichen Ursprungs zu sein, den ich mit den Jugendjahren vernachlässigt hatte. Die therapeutische Aufarbeitung meiner familiären Konstellationen war essenzieller Bestandteil für eine positive Zukunft gewesen. Sie brachte Klarheit über meine Geschichte und meine Wesenszüge, die mir oft gefehlt hatten, um mich mit meinen Bedürfnissen und meiner Sensibilität annehmen zu können. Was ich vor allem verstand, war, dass ich meine Vergangenheit nicht hassen konnte, wenn ich meine Gegenwart akzeptieren wollte. Das eine schloss das andere aus, weil doch genau diese Erlebnisse mich zu dem Menschen gemacht haben, den ich heute versuchte anzunehmen. Würde ich weiterhin das Zurückliegende wegstoßen, käme ich nicht bei mir an.

Eine besondere Rolle bei dieser Aufarbeitung nahmen die Gesprächte mit meiner Oma ein. Nach dem Tod meines Opas, der mir immer noch schmerzlich fehlte, war ich ihr noch näher, als ich beiden zuvor ohnehin schon stand. Ich sog die Gespräche mit ihr regelrecht in mich auf und versuchte, mir jede Begegnung gut einzuprägen. Unsere Beziehung war schon lang innig gewesen. Nun verstand ich, warum Menschen auf der Straße mich immer für ihr Kind gehalten hatten. Unsere Persönlichkeiten ähneln sich stark. Für mich war diese Identifikation wichtig, weil ich sie nicht in meinem Vater finden konnte, der in meiner Kindheit verstorben war. Seine Mutter war nun das Ergänzungsstück, das die Fragen klären und Verbindungen herstellen konnte, ohne die ich mich nicht so gut verstehen konnte.

Die bedingungslose Liebe meiner Familie in diesen schweren Zeiten war eine neue Erfahrung. Ebenso, dass ich diese Liebe und ihr Wohlwollen annehmen konnte.

Ich lernte, mich selbst anzunehmen, verstand, was die Menschen mit dem Wort Selbstliebe meinten – wobei ich lieber von Selbstakzeptanz spreche. Das Wort *Selbstliebe* wird mir zu inflationär genutzt. Vor allem dann, wenn Menschen zeigen wollen, dass sie sich immer und überall und generell ganz arg super finden. Ich denke bei diesem Begriff an Menschen, die immer gut drauf sind, nie schlechte Laune zeigen oder sie sich erlauben, die nur von positiven Dingen sprechen und nie aus dem Raster fallen. Die kein Haar in der Suppe finden, und wenn doch, darüber lächeln würden. Selbstakzeptanz aber, die lässt auch das Negative neben all den positiven Momenten zu. Gute und beschissene Tage, moralisch richtige und verwerfliche Handlungen, superkluge und sehr dumme Entscheidungen. Weil es nicht darum geht, sich selbst und alles, was man tut, abzufeiern, sondern Frieden mit sich zu schließen. Frieden mit dem, was hinter mir liegt, was ich nicht mehr ändern, wohl aber zukünftig anders machen kann.

Mit der Gegenwart, die eben Ergebnis all dieser Entscheidungen ist, und mit dem Wissen, das man weiterhin gute und schlechte Entscheidungen treffen wird und damit die eigene Zukunft bestimmen kann. Dass ich das nach bestem Wissen und Gewissen tat und tue und dass da trotzdem öfter mal Murks bei rauskommt. Dass auch ich Menschen verletzt habe, obwohl ich das nie wollte. Weil jedes Handeln Konsequenzen mit sich bringt. Manchmal auch die, die wir nicht haben kommen sehen und trotzdem ausbaden müssen. Mich selbst zu geißeln, hilft da auch nicht, habe ich festgestellt. Entschuldigen, und zwar aufrichtig, ist ein guter Weg. Und geschlossene Kapitel dann auch geschlossen zu lassen, weil es nicht wichtig ist, bei jeder/jedem Einzelnen das eigene Bild ins rechte Licht zu rücken. Und dass das und auch die eigene Effektivität, Arbeit, Leistung und damit insgesamt berufliche und private Fehler nicht über den eigenen Wert bestimmen. Dass das immer nur ich selbst tun kann.

Wertigkeit finde ich endlich nicht mehr (nur) in anderen.

EHEVERSPRECHEN

Weil ich mich endlich annehmen konnte, klärte sich in dieser Zeit auch, wen ich sonst in meinem Leben haben wollte. Ich überprüfte Beziehungen, Freundschaften, Bekanntschaften und berufliche Kontakte in Hinblick auf den Grund ihres Bestehens und das Gefühl, das sie mir dauerhaft gaben. Waren es Menschen, die ich wegen eines Mangels in mein Leben gelassen hatte? Was sah ich in ihnen? Und was sah ich, das ich zuvor nicht sehen wollte? Wie empfand ich die Kommunikation und das Aufeinandertreffen mit ihnen? Welches Bauchgefühl habe ich, wenn ich an diesen oder jenen Menschen denke?

Das Gefühl, meinen Mann aus den richtigen Gründen, aber auf falschen Wegen aus meinem Leben geschoben zu haben, war übermächtig. Ich musste nun entscheiden, was mit meiner Beziehung passieren sollte. Jung gefunden und verheiratet waren wir uns im Findungsstrudel der Mittzwanziger gleich zwei Mal verloren gegangen. Die zentralen Jahre, in denen Menschen herausfinden, wer sie sind, wohin sie gehen wollen und was sie vom Leben erwarten, haben uns immer wieder mal voneinander entfernen lassen, aber bis auf dieses Mal, immer wieder zusammengeführt. Weil wir es uns versprochen und daran geglaubt hatten. Dass wir mit- und aneinander wachsen können, dass wir uns verändern lassen, weil wir im Kern die gleichen Werte teilen, aufeinander aufpassen und achten, auch wenn es der oder die andere selbst einmal nicht kann. Ich konnte es offensichtlich in den letzten Monaten nicht.

Hartnäckig hielt sich die Frage in meinem Kopf, ob es das jetzt gewesen war mit unserer Ehe. Ob wir wirklich alles gegeben hatten. Ob ich als geschiedene Frau meinen Weg weitergehen würde. Oder ob ich bleiben und zu meinem Wort stehen wollte. Nicht weil ich es einmal gegeben hatte und nicht davon abweichen könnte, sondern weil mir dieses Versprechen wirklich etwas bedeutete. Ich hatte es nicht leichtfertig und nicht unbedacht gegeben, so jung ich auch gewesen war.

Häufig fragen mich Menschen, woher ich gewusst hätte, dass es die richtige Entscheidung gewesen war, zu heiraten. Woran ich gemerkt hätte, dass dieser Mann der war, mit dem ich mir ein Leben vorstellen konnte. Meine Antwort war immer dieselbe: Ich habe es einfach gespürt. Mit diesem Partner an meiner Seite konnte ich mir mein Leben vorstellen, mit ihm wollte ich es teilen.

Aber mit dem Verlust meines Bauchgefühls war mir auch diese einstige Sicherheit abhandengekommen.

Eine gesunde Beziehung, in der ich hätte über alles reden können, weil ich das Urteil des anderen nicht gefürchtet hätte oder das Verlassenwerden, hätte ganz bestimmt die Möglichkeit gebracht, mich für mich zu lassen und trotzdem nicht alles aufzugeben. Vielleicht wäre es auch in einer Beziehung möglich gewesen, für mich zu sein, doch diesen Weg sah ich nicht.

Die Frage, die für mich im Raum stand, war: Konnte ich mit Ehrlichkeit, Offenheit und Einblick in mein schwaches Persönlichkeitskonstrukt an das einst starke Versprechen erinnern? Das Versprechen daran, dass der eine für den anderen mit stark ist, wenn er/sie es einmal nicht sein könnte?

Mir im Weg stand die Angst, meine Fassade zu verlieren, die ich um jeden Preis versucht hatte zu wahren, die sich aber mit dem Mir-Zuwenden anfing aufzulösen.

Dem gegenüber standen sehr viel Liebe und Gewissheit, warum ich diesen Menschen in mein Leben gelassen und wie wenig er mit anderen Beziehungen gemein hatte. Er war einer der Menschen, denen ich aus purer Zuneigung Eintritt gewährt hatte – nicht, um mich unbewusst selbst aufzuwerten, sondern weil ich es genoss, mit ihm Zeit zu verbringen; weil es von keiner Seite Ansprüche oder Erwartungen gab, Forderungen oder das Gefühl, das ich so schlecht annehmen konnte: etwas besser oder anders machen zu müssen. Die Bedeutung dieses Menschen für mich war mir jetzt klarer, aber ich fürchtete die Konsequenzen meiner Unfähigkeit, diese bedingungslose Liebe nicht hatte annehmen zu können. Gab es jetzt noch eine Chance, sie zulassen und diese Beziehung weiterführen zu können?

Ich bin dankbar und schätze mich sehr glücklich, meinen Mann heute an meiner Seite zu wissen. Seinen Glauben an mich und eine Liebe, die Zeit und Raum überdauern kann, seine Größe zu verzeihen, seinen Mut zu verstehen, seine Stärke, für mich sanft zu sein, lassen mich ihn noch mehr lieben. Das Wissen, dass durch meine eigene Entwicklung unsere Liebe füreinander nicht erloschen ist, gab mir ein tiefes Vertrauen in unsere Beziehung, die mir zuvor gefehlt hatte: Es war das Wissen, dass er auch mit den negativen Aspekten von mir leben kann. Ich konnte seine Liebe und Zuneigung endlich zulassen und wies sie nicht mehr ab, weil ich dachte, sie mir erst verdienen zu müssen. Er ist der Partner an meiner Seite, mit dem ich gute und schlechte Momente teilen möchte und vor dem ich mich nicht mehr verstecke, wenn ich mich eigentlich vor mir selbst fürchte und mich ablehne.

Wo ich sonst die Mauern hochzog und mich gegenüber allen Gesprächen und Versuchen verschloss, rede ich jetzt mit ihm, trotz meiner Angst und aller Emotionen, die sie auslöst. Ich erkläre, was mich bewegt, welche Gedanken mich nicht loslassen und welche Gefühle das konkret in mir auslöst. Und ich glaube daran, dass das meinen Wert nicht für mich und nicht für ihn schmälert und dass, selbst wenn es so wäre, ich auch allein zurechtkomme.

Auch meine Freundschaften sind mit diesem neuentdeckten Vertrauen, der nachlassenden Angst vor Ablehnung und dem damit einhergehenden Verlassenwerden und der neuen, offeneren Form von ehrlicher Kommunikation noch einmal tiefer geworden. Ich bemühe mich, mich vor meinen Freund*innen nicht zu verstecken, sondern teile auch meine negativen Gedanken und meine Sensibilität mit ihnen und gebe die Anteile von mir preis, die ich selbst nicht an mir mag oder vor denen ich mich fürchte. Sie mögen sie vielleicht auch nicht, aber mich mögen sie mehr, als dass sie mich ablehnen würden.

Diese neue Stufe der Kommunikation hat alle meine Beziehungen verändert. Doch die Panik, was meine Offenheit in meinem Gegenüber auslöst, und die Bewertung, die damit einhergehen könnte, ist zwischendurch immer wieder allmächtig und lähmt. Dann jedes Mal aufs Neue Verständnis zu erfahren, Themen aus völlig neuen Perspektiven zu betrachten und anderen bei ihren Ausführungen ihrer Probleme zuzuhören, sie noch besser kennenlernen zu können und insgesamt noch engere Beziehungen zu führen, ist heilsam und sehr erfüllend. Es zeigt mir immer wieder, dass es sich lohnt, mich verletzlich zu machen, anstatt mich zu verschließen.

Diesen Weg weiterzuverfolgen, war nicht einfach. Er war kein Zustand, der, einmal gekommen, für immer blieb. Es war die tägliche Entscheidung für einen offenen Umgang mit negativen Gefühlen, gegen das Einnehmen von Rollen und für die eigenen Bedürfnisse. Gegen gesellschaftliche Normen und Vorstellungen und für einen Weg, der sich richtig und nach meinem eigenen anfühlte, für das Innehalten und Reflektieren, statt des emotionsgeladenen und unüberlegten Loslaufens. An manchen Tagen lief es besser, an manchen schlechter. Ich beschäftigte mich vor allem mit den gestalterischen Fragen, um den Raum zu füllen, der mit der Zeit ganz für mich und dem Auflösen von meinen Denkmustern entstanden und noch nicht wieder neu gefüllt war: Wie will ich leben? Wo will ich leben? Was will ich über *Proud to be Sensibelchen* sagen? Wie will ich arbeiten? Wofür will ich damit einstehen? Welche Wege will ich dafür gehen? Welche Träume gibt es, die noch unerfüllt sind? Wie will ich meinen Alltag gestalten? Wie finden Reisen in meinem Bedürfnis nach Stabilität und Familie ihren Platz? Kurzum: Wie soll mein Leben mit Ende zwanzig aussehen?

AUSZEIT IN BALI UND BRIGHTON

Einen Wunsch nach diesem Überprüfen der eigenen Träume und Pläne unabhängig äußerer Einflüsse wollte ich mir im Winter 2017/2018 erfüllen: den nach einer längeren Zeit im Ausland. Ich wollte diesem Traum nachkommen, den ich von einem langen Auslandsaufenthalt hatte, und mir mit ihm mehr Zeit geben, mich auf das Herausfinden meiner Bedürfnisse und Wünsche zu fokussieren.

Ende Januar 2018 flog ich schließlich mit vielen Fragen im Kopf und der einen Antwort – Zeit – nach Bangkok und weiter nach Bali, wo ich vorerst drei Monate bleiben wollte. Ich setzte mir kein Rückkehrdatum. Bali wählte ich aus, weil es sehr, sehr weit weg von meinem Zuhause ist, eine ganz andere, offene Kultur und verhältnismäßig günstige Lebensumstände bietet. Ich erhoffte mir sowohl neue Eindrücke als auch den nötigen Raum fernab der Heimat, um meine Gedanken weiter sortieren zu können. Für einen so langen Auslandsaufenthalt, zum Beispiel im Süden der USA, hätte ich bedeutend mehr Geld nach meiner Geldnot ansparen müssen. Mein Erspartes war schmal, aber ich hatte meine Lebensversicherung aufgelöst, die mir die Auszeit finanzieren sollte.

Ich vermietete mein WG-Zimmer unter, aus dem ich plante, danach aus- und endlich wieder zu meinem Mann zu ziehen. Sicher war ich mir aber nicht, ob ich bei ihm einziehen oder wir gemeinsam umziehen würden oder ob ich zur Überbrückung noch einmal in mein WG-Zimmer zurückkehren müsste, deswegen gab ich es noch nicht ganz auf. Ich hatte keine Krankenversicherung mehr in Deutschland, dafür jetzt eine Auslandskrankenversicherung. Meine Habseligkeiten waren in Kisten im Keller der Wohnung meines Mannes verpackt, und meine Möbel standen im untervermieteten WG-Zimmer.

Ich hatte für *Proud to be Sensibelchen* personell und thematisch vorgesorgt. Ich wusste, dass ich die Auszeit auch nutzen wollte, um mir darüber klarzuwerden, wohin ich mich mit dem noch jungen und viele Möglichkeiten offenhaltenden Projekt konkret bewegen will. Um für diese Gedanken den Kopf frei zu haben und die Auszeit genießen zu können, beauftragte ich eine persönliche Assistentin, einen Cutter für den Podcast und einen Online-Marketer für die Vermarktung, um die Firma in der Auszeit mit nur geringem zeitlichem Aufwand meinerseits zu führen. Im Nachhinein muss ich selbstkritisch zugeben, dass es mehr Sorgfalt bei der Überlegung gebraucht hätte und mehr Vorgaben für die einzelnen Aufgaben. Umso dankbarer bin ich für das Team, das diese Auszeit mitgetragen und möglich gemacht hat.

Ich nahm mir vor, zukünftig für Mitarbeiter*innen oder Partnerschaften ein Arbeitsumfeld zu schaffen, wie ich es mir selbst immer gewünscht und nirgendwo gefunden hatte: mit freier Arbeitseinteilung, argumentativer Gehaltsbestimmung, ohne Anwesenheitspflicht, dafür mit einer Bezahlung nach Leistung, nicht nach Anwesenheit oder Stunden – eben eine Zusammenarbeit auf Augenhöhe. Ich hatte die Festanstellung in einer Verbeamtung und als Gegensatz die Selbständigkeit erlebt und empfinde es als wenig zeitgemäß, dass meist nur die Wahl zwischen statischer Festanstellung oder waghalsigem Sprung ins Ungewisse besteht.

Der Grundsatz, man müsse seine eigene Leidenschaft zum Beruf machen, dann habe man nie wieder das Gefühl zu arbeiten, erklärt sich mir genauso wenig wie der Aufruf, dass man stets und ständig außerhalb seiner Komfortzone leben muss, um beruflich und damit privat glücklich zu sein. Arbeit ist und bleibt auch unter den angenehmsten Umständen immer noch Arbeit. Und das ist gut so. Auch wenn ich meine inzwischen sehr gern mache, ist sie mit Anstrengung verknüpft. Zu viel Arbeit bleibt immer noch ungesund und führt zu gesundheitlichen Schädigungen, ganz gleich, wie toll, gut oder spaßig sie ist.

Nicht jede*r muss seine Leidenschaft zum Beruf machen. Vielleicht ist es für manche Menschen auch eine Leidenschaft, Abendessen zu kochen, gemütlich einzuschlafen oder den Garten umzugraben. Und für andere kann es das Schönste sein, in der eigenen Wohlfühlzone zu bleiben: Wenn das größte Abenteuer der eigene Alltag ist, warum dann zusätzlich den Druck von neuem aufbauen, nur weil das der alleinige Weg zu Glück sein soll? Die ständige Aufforderung, die eigene Komfortzone zu verlassen, erzeugt auch nur wieder Druck: Wir müssen leisten, um einem Ziel gerecht zu werden, das wir uns nicht einmal selbst gesetzt haben.

Im Frühjahr 2018 saß ich nun also auf Bali, weil ich vom buddhistischen Lebensstil, den kulturellen Unterschieden und der Andersartigkeit der Landschaft und des Klimas angezogen worden war. Ich lebte in einer selbstgewählten Auszeit, in der ich mir vornahm, drei Monate lang nichts zu tun als mich mit mir zu beschäftigen, um zu sehen, wo mich das Loslassen vom Hasten hinführt. Das war mehr Zeit, als ich jemals zuvor nur für mich gehabt hatte, ohne dabei wie beim Burnout krank zu sein. Und ich war mir trotz der anfänglichen Euphorie über dieses Privileg im Klaren, dass irgendwann die Langeweile kommen würde.

Die zentrale Frage in dieser Zeit war: Wer bin ich, wenn all das wegfällt, was mich sonst geschäftig sein lässt? Wegen der relativ günstigen Lebensunterhaltungskosten lebte ich in einem Gasthaus, musste nicht selber putzen, Wäsche waschen oder kochen, weil es so günstig war, außer Haus zu essen. Ich war im Urlaub und das für länger, als es üblich ist. Alltägliche Besorgungen und Tätigkeiten fanden somit nicht statt. Mein Job war bewusst auf ein Minimum heruntergefahren. Wer war ich also abseits von alldem?

Es fiel mir anfangs schwer, eine derart lange Auszeit des Nichtstuns und des Genusses zuzulassen. Ich war noch immer im Leistungsmodus, in dem ich dachte, ich müsste etwas geleistet haben, um mir Müßiggang erlauben zu können. Die Absolution durch ein ärztliches Rezept oder mütterliches Kopfstreicheln fiel ebenso aus.

Ich wälzte Reiseführer und das Internet, führte Gespräche mit anderen Reisenden und plagte mich mit der Frage rum, was ich denn tun müsste, jetzt, wo ich schon einmal hier war. Was musste ich von der Insel und denen daneben sehen? Was von Asien? Wo müsste es als Nächstes hingehen? Im Moment zu verweilen, gelang mir nicht.

Eigentlich wollte ich einfach meine Zeit am Meer verbringen, zwischendurch Filme sehen und all die Bücher lesen, die ich im Handgepäck mitgeschmuggelt hatte (zehn an der Zahl! Zur Flughafenkontrolle in Bali wurde ich rausgewinkt, weil sie am Boden meiner Tasche, die ich versuchte, betont entspannt zu tragen, auf dem Scannerbild aussahen wie Kokainpäckchen). Doch die Frage nach dem, was man sonst hier tun muss, hielt sich noch.

Mein ursprünglicher Wunsch, sehr viel Zeit in der Natur zu verbringen, mäßigte sich nach den ersten Kontakten mit dem indonesischen Dschungel – meine Spinnenphobie trug das ihre dazu bei. Ich entschied, dass ich sehr wohl die Natur mögen konnte, ohne gleich im Dschungel wohnen zu müssen. Ich war nicht Mogli und hatte die Möglichkeit, den Dschungel etwas auf Abstand zu halten.

Und so entschied ich nach einigen Wochen, dass nur, weil ich auf Bali war, ich überhaupt nichts müssen musste. Ich musste nicht an anderen Orten wohnen oder andere asiatische Länder bereisen. Es war ja schließlich nicht so, dass mir jemand später die Freundschaft kündigen würde, wenn ich auf die Frage, was ich in Asien gesehen hätte, «Nichts weiter, nur Bali» antwortete.

Nur ich selbst setzte mich unter Druck, dieses oder jenes zu tun, weil man das angeblich so machte und ich selbst in der Auszeit ja etwas *leisten* musste. Es war befreiend, diesen alten Gedanken zu erkennen, auch wenn er mir schmerzlich vor Augen führte, dass wir alte Strategien nicht einfach wie alte Schuhe ablegen können. Immerhin fiel mir das nun auf, anstatt sie blind weiter zu verfolgen.

Ich blieb also in Bali in Canggu am Meer, wo ich mich wohl fühlte. Jeden Abend beständig den Sonnenuntergang in seinen prächtigen Farben zu sehen, erfüllte mich zunehmend mit Ruhe. Ich entdeckte die Cafékultur für mich, ohne jemals welchen zu trinken. Der Genuss zog an allen Ecken und Enden in mein Leben ein, und es fiel mir immer leichter, ihn ohne vorher erbrachte Leistungen zuzulassen.

Mein Aufenthalt auf Bali ist eine der besten Entscheidungen gewesen, die ich in meinem Leben getroffen hatte. Zwischen Langeweile, Dankbarkeit und Reiseblues beschäftigten mich tagtäglich meine mitgebrachten Fragen, die ich auf das Wesentliche runtergebrochen hatte: Geht es mir gut? Was will ich jetzt gerade tun?

Mit so viel Abstand zu meinem alltäglichen Leben, meinen Bezugspersonen und Deutschland fiel es mir viel leichter, meine Wünsche klar zu formulieren und sie mit konkreten Plänen und Handlungen zu füllen. Nicht nur bei den kleinen Fragen des alltäglichen, zunehmend mehr bei den großen Fragen nach meinem zukünftigen Weg.

Die größte Entscheidung, wo wir nach meiner Rückkehr dauerhaft wohnen wollen würden, rückte mit jeder Antwort, die mir unter der Dusche, beim Yoga, im Meer oder auf dem Roller einfiel, ganz oben auf meine Liste. Diese Entscheidung konnte und wollte ich nicht allein treffen, und als mein Mann mich für drei Wochen auf Bali besuchte, war diese Frage zentrales Element unserer Gespräche.

Mit achtzehn hatte ich Hamburg als Wohnort gewählt und diese Entscheidung zehn Jahre lang nicht in Frage gestellt. Dabei bin ich in Hamburg nie richtig heimisch geworden. Es hat lang gedauert, bis ich mich überhaupt einigermaßen wohl in der Stadt fühlte, Stadtteile fand, mit und in denen ich leben konnte, auch wenn sie kaum bezahlbar für mich waren. Das mit den Menschen lief auch erst nach Jahren halbwegs rund.

Ich habe trotzdem immer geglaubt, dass ich mich nur mehr anstrengen müsste, um mich wohlzufühlen, dass es an mir liegt und ich gescheitert bin, wenn es mir nicht gelingt, in Hamburg richtig anzukommen. Ich habe es als persönliches Versagen angesehen, dass ich dieser von vielen so gefeierten Millionen- und Weltstadt nicht gewachsen war. Dass diese Stadt, für die viele lokalpatriotisch die Fahnen schwenkten, eben einfach nicht meine Stadt war – auf diesen Gedanken bin ich schlicht nicht gekommen.

Nun warfen der Ehemann und ich diesen Gedankenwürfel hin und her und wieder zurück. Wir stellten Listen auf, auf denen wir Pro- und Contra-Punkte festhielten, werteten und gegeneinander abwogen. Wir zogen ein anderes Bundesland, irgendwann eine andere Nation und sogar entfernte Kontinente als neues Zuhause in Betracht. Die Angst, den falschen Ort für ein Zuhause zu wählen, war groß, und so lösten wir die gedanklichen Grenzen auf und begannen, vom Großen zum Kleinen im Ausschlussprinzip zu denken, um erst einmal festhalten zu können, wo wir *nicht* leben wollten. Irgendwann wurde die Angst, dass wir in Hamburg bleiben und unglücklich damit sind, es nicht einmal woanders probiert zu haben, größer. Und dann kam Magdeburg, die Hauptstadt unseres Heimatbundeslandes, ins Spiel. Weil wir Familie und Freunden näher sein, den Alltag und nicht nur Feiertage mit ihnen teilen könnten. Weil wir ländlicher, aber noch nicht zu kleinstädtisch leben würden.

Andererseits waren wir unsicher, ob wir uns damit zu sehr verkleinern. Oder vielleicht sogar noch zu wenig? Wir fragten uns, ob wir neue Bekanntschaften oder Freundschaften schließen oder unsere Lebensansichten zu verschieden sein würden. Würden wir freundlich empfangen werden? Oder mit Skepsis? Wie würde es um die Arbeitssuche für meinen Mann stehen? Würden wir im richtigen Viertel landen, in dem wir uns auch wirklich wohlfühlen?

Die Erkenntnis, die ich aus diesem Suchprozess mitnehme, ist, dass es nie nur Vorteile gibt. Ich hatte bisher immer versucht, alles in meinem Leben aufs Optimum auszulegen und nach Lösungen zu suchen, die keinerlei Nachteile haben. Das ist aber nicht möglich. Es gibt keine perfekte Wahl. Keine ohne Nachteile. Es gilt, die Lösung zu finden, bei der wir mit den Nachteilen leben mochten und konnten, weil die Vorteile für uns ganz persönlich überwiegen.

An Nyepi, dem balinesischen Neujahr, auch Tag der Stille genannt, weil niemand das Haus verlassen darf und selbst das Telefonnetz abgeschaltet wird, um den Tag in Ruhe und Andacht zu verbringen, fiel zwischen unzähligen Runden Rommé und Knack schließlich unsere Entscheidung: Wir wollten in Magdeburg leben. Die Angst, eine falsche Entscheidung zu treffen, sie war zwar immer noch da. Gleichzeitig sagten wir uns: Wenn wir es nicht probierten, würden wir nie erfahren, ob unsere Entscheidung richtig oder falsch ist, immer würde uns die Frage «Was wäre wenn?» beschäftigen. Und wenn es wirklich schrecklich werden würde, könnten wir immer noch zurück nach Hamburg oder woanders hingehen, versicherten wir uns.

Großbritannien, das ebenfalls auf der Liste möglicher Wohnorte gestanden hatte, blieb mir als Sehnsuchtsort weiterhin im Kopf. Ich entschloss mich, Bali früher als angedacht zu verlassen und meine Auszeit in Brighton zu beenden. Nach zwei Monaten musste ich sowieso aus Bali ausreisen, so sieht es das Visum vor. Also buchte ich nach zwei Monaten Bali meinen Flug nach London und die Busfahrt weiter nach Brighton, wo ich für den letzten Monat bleiben wollte.

Nach all der Wärme, Herzlichkeit und den schönen Erfahrungen in Bali fühlte sich Brighton wie eine kalte Dusche an. Im wahrsten Sinne: Bei der Ankunft regnete es graue, kalte Bindfäden. Meine Mitbewohnerin war eine neurotische Frau, die mich in vielerlei Hinsicht an mich selbst erinnerte, wie ich in zehn Jahren wohl hätte sein können, hätte ich nicht endlich mit dem Burnout angefangen, mein verrücktes Verhalten zu hinterfragen.

Während ich auf Bali das Gefühl gehabt hatte, mich wie eine Zwiebel bis zum Inneren gehäutet zu haben, sodass ich mich meinem ursprünglichen Ich ganz nah fühlte, das mir aus Kindertagen bekannt vorkam und sich wie ein alter, lang vermisster Freund anfühlte, blieb die Erkenntnis, mein Gefühl schlug aber in Brighton in Einsamkeit um.

Ich hatte auf Bali zwar viel allein unternommen, aber doch auch neue Freunde gefunden. Wirklich tolle Menschen waren mir begegnet. Sie alle trieben zu dieser Zeit ähnliche Sinnfragen wie mich selbst um, und der Austausch mit ihnen über zutiefst verletzliche Themen war alltäglich und erfüllend zugleich.

Hier empfing mich die britische Kälte – nicht nur in Bezug auf das Wetter, sondern auch in Bezug auf das Miteinander, und ich fühlte mich angesichts des oberflächlichen Smalltalks ehrlich einsam. Ich dachte bis dahin, dass ich mittlerweile gut allein sein könnte, aber hier tat die Einsamkeit körperlich weh – obwohl ich von Tausenden Menschen umgeben war, deren Sprache ich sogar fließend sprach, deren Land und Kultur ich kannte und liebte.

In diesem dritten Monat des gewählten Alleinseins gelang es mir nicht, zu agieren und meine auf Bali geschmiedeten Pläne voranzubringen. Mich in Geduld zu üben, fiel mir sehr schwer. Ich nahm mir vor, die Einsamkeit dennoch zuzulassen, und hoffte, dass es mit ihr wie mit der Trauer war: dass sie geringer werden würde, wenn man ihr die Hand reicht. Vier Wochen wollte ich in Brighton bleiben, und ich hatte nicht vor, das wegen eines negativen Gefühls zu ändern. Ich wollte diese Emotion aushalten und die schöne Phasen, die es nichtsdestotrotz auch in dieser Zeit gab, genießen. Wegzulaufen kam für mich nicht in Frage.

Brighton lehrte mich, dass Einsamkeit, anders als das Alleinsein, keine Frage der Entscheidung ist, sondern ein Zustand, den niemand freiwillig wählt, den aber viele Menschen täglich ertragen müssen.

An einem Nachmittag, an dem ich wie üblich auf dem Hügel im Osten von Brighton spazieren ging, überraschte mich ein emotionales Telefonat mit meiner Mutter. Ich erzählte ihr von meiner Gefühlslage und entschuldigte mich bei ihr dafür, dass ich all die Jahre so hart in diesem Punkt zu ihr gewesen war und ihr als alleinstehenden Frau nicht das Gefühl von Einsamkeit hatte zugestehen wollen, weil ich dachte, sie könnte nur einfach nicht allein sein. Es tat gut, ihr das sagen und zu meinem Fehler stehen zu können, und allein dafür hatten sich diese vier Wochen gelohnt.

Meine Entschuldigung bewog meine Mutter, sich ihrerseits zu entschuldigen für den Druck, dem sie mich ausgesetzt hatte, der mich bis heute zu oft heimsuchte und der mich mit in das Burnout getrieben hat. Ich sagte ihr, dass ich versuche, ihr das dennoch nicht vorzuwerfen, weil sie das nicht aus einem negativen Antrieb heraus getan habe. Ihre Absicht war gut gewesen.

EIN WUNSCH ERFÜLLT SICH

Neben diesem ehrlichen Austausch mit meiner Mutter brachte die Zeit in Brighton noch ein weiteres einschneidendes Ereignis: die Entscheidung für einen Hund. Seit Jahren wünschte ich mir einen Hund an meiner Seite und hatte mir diesen Wunsch immer verweigert. Zum einen, weil ich für ihn Verantwortung hätte übernehmen müssen, die ich bisher gescheut hatte, zum anderen, weil ich auf bestimmte Privilegien wie eine selbstbestimmte Zeiteinteilung, manche Restaurantbesuche oder eventuelle Reisen hätte verzichten müssen. Ich hatte mich außerdem immer von der Meinung anderer hindern lassen, die mir suggerierten, man bräuchte einen Hof, ein Haus und einen Wald, um einen Hund zu halten. Jetzt scheute ich die Verantwortung nicht mehr. Mir begegneten sowohl in Bali als auch in Brighton Hunde und lösten ein neues Gefühl aus. Auf Bali lebten wilde und trotzdem nähesuchende Wildhunde, in Brighton lernte ich den kuscheligen Nachbarshund kennen. Und wenn mich jemand gefragt hätte, wann ich zuletzt die Zeit vergessen, mich für etwas begeistert und mich wohlgefühlt hätte, dann wäre meine Antwort «Mit den Hunden!» gewesen. Meinem Bauchgefühl vertrauend und im Bewusstsein der Verantwortung und der Veränderungen legte ich also fest: Zurück in Deutschland wollte ich einen Hund haben, mein Mann war sofort dafür. Ich war sicher, dass der Zugewinn den Verzicht in selbstbestimmten Bereichen überwiegen würde. Dass es das wert sein würde.

In mir war ein Wunsch nach Verantwortung gewachsen, die ich zuvor gescheut hatte. Ich empfand es als erfüllend, diese jetzt für mich, aber auch in anderen Lebensbereichen und für andere Lebewesen übernehmen zu wollen. Jetzt, wo ich mit mir im Reinen war, konnte ich den Blick endlich über den Tellerrand, weg von mir, hin zu anderem öffnen, das zuvor der verzweifelten Suche nach mir selbst hatte weichen müssen und meist hintenanstand.

Die Flugbegleiter*innen haben also doch recht, wenn sie darauf hinweisen, erst sich selbst und dann anderen Mitreisenden die Sauerstoffmaske aufzusetzen, weil, nun, sonst niemandem geholfen ist.

Nachdem das Bordpersonal auf dem Rückflug nach Hamburg ebenjene Worte gesprochen hatte, freute ich mich auf die Rückkehr und darauf, meine und unsere Vorstellungen in die Tat umzusetzen.

Epilog

Es ist einer der Tage zwischen den Jahren, an dem man mit Bauchweh von zu viel fettigem Essen, Sehnsucht nach etwas Zeit für sich und Vorfreude auf den Besuch von Freunden nach der Abreise der Familie im Halbdunkel gemütlich in der Küche sitzt. Ganz vorbei ist das alte Jahr noch nicht, und das neue ist noch nicht ganz da. Ich nutze diese Zeit gern, um die vergangenen zwölf Monate Revue passieren zu lassen. Während des Jahres fällt mir meist gar nicht auf, was sich alles verändert hat und wie groß der Abstand zu der Person geworden ist, die ich noch vor einem Jahr war.

In diesem Jahr werde ich dreißig werden. Eine für viele bedeutende Zahl, markiert sie die oft immer noch bestehende Erwartung von Haus, Heirat und Kindern, von Erwachsenenleben eben. Ich habe mit der Dreißig genau dieselben Vorstellungen verbunden, nur dass ich mir Kinder schon mit Mitte zwanzig vorstellte. Je näher die 25 damals gerückt war, umso weniger kam das für mich in Frage.

Heute kann ich mir das wieder sehr gut vorstellen, auch irgendwann im eigenen Haus im Grünen zu wohnen, aber ich verknüpfe das nicht mehr mit einem Alter oder nehme es als Voraussetzung für das Erwachsensein. Gesellschaftliche Normen sind nicht mehr zwingend die meinen. Meine richte ich endlich und meistens nach meinen Bedürfnissen, den meines Mannes und unseres Hundes aus, und in mir bleibt das Gefühl, diese Überanpassung, die mich stets begleitet hat, ein Stück weit ablegen zu können und meiner übermäßigen Begeisterungsfähigkeit die

Beständigkeit schmackhaft gemacht zu haben. Ich habe neue Strategien entwickelt, meine Gedanken kreisen nicht mehr um die immer selben Dinge, weil ich dieses Zurückliegende loslassen und das Neue zulassen konnte.

Ich bin gerade kurz allein, mein Mann ist mit unserem Hund im Park. Schon beim Gedanken an Marley, den schokobraunen, für die vom Zuchtverband vorgegebenen Standards viel zu großen Labrador, geht mir mein Herz auf. Er ist mein Lehrer fürs Hier und Jetzt und der anstrengendste Mitbewohner, den ich je hatte.

Ich sitze an unserem Küchentisch in unserer noch recht neuen Wohnung in Magdeburg. Hier in Magdeburg finde ich die Ruhe und Bodenständigkeit, nach der ich mich gesehnt habe. Ich genieße es, mir Marley zu schnappen und in zehn Minuten in der Natur sein zu können. In der freien, nicht die in Parks eingesperrte und zubetonierte Natur. Ich genieße es, dass Schwimmen und Yoga hier günstig sind, dass es alte Restaurants mit traditioneller Küche gibt, und die modernen, die auch in Berlin oder Hamburg eröffnet worden sein könnten. Ich genieße es, dass die Straßenbahn nur drei Waggons hat, in denen Menschen trotzdem nicht wie Ölsardinen stehen, und damit der öffentliche Nahverkehr sogar für mich Phobikerin attraktiv ist; ich genieße es, dass es einen Markt gibt, der fünf Tage die Woche geöffnet hat und ich inzwischen von den Verkäufer*innen erkannt werde, wenn ich wieder zum Gemüsekaufen vorbeikomme.

Das alles sind kleine Dinge, die meinen Alltag erfüllen. Gleichzeitig spielt beruflicher Erfolg hier keine große Rolle. Ich erzähle für gewöhnlich nicht einmal davon, wenn nicht gerade Jobs Thema des Gespräches sind. Wenn ich das Büro oder das Internet verlassen habe, zählt nur das Hier und Jetzt in dieser bodenständigen, für uns familiären, grünen Stadt.

Zuhause ist das passendste Wort für diesen Ort, für diese Wohnung, weil sie in mir und in uns dieses wohlige Gefühl auslöst und ich, selbst wenn sie staubig ist, noch am allerliebsten hier bin. Vor mir liegt ein Stapel Postkarten mit Weihnachtsmotiven, weil ich mir eigentlich vorgenommen hatte, sie vor den Festtagen zu schreiben.

Nun schreibe ich sie zwischen den Jahren, an meinem Küchentisch, Tee trinkend. Ich wusste, meine Freundinnen würden sich über sie freuen.

Als ich ihnen meine Wünsche für 2019 schreiben wollte, fiel mir auf: Für mich selbst habe ich keine. Obwohl, einer kam doch in mir auf: bei mir zu bleiben. Ganz gleich, welche Höhen und Tiefen kommen mögen, möchte ich mich selbst und meine Sensibilität nie mehr aus den Augen verlieren. Für meine Freundinnen wünschte ich mir das Gleiche. Ich setzte den Kugelschreiber an und schrieb ihre Adressen auf die Karten.

Ich setzte ab und sah in Gedanken mein zwölfjähriges Ich vor Freude über das, was es sich für mich gewünscht hat, weinen.

QUELLENANGABEN UND
LITERATURHINWEISE

1 https://www.spektrum.de/news/hochsensibilitaet-der-streit-um-die-feinfuehligkeit/1412989, abgerufen am 6. Februar 2019

2 Elaine Aron, The Highly Sensitive Person: How To Thrive When The World Overwhelms You, Harmony 1997, S. XII

3 ebd., S. XIII

4 ebd., S. XI

5 http://hsperson.com/pdf/Authors_note_HSPbk_Preface.pdf, zuletzt abgerufen am 6. Februar 2019

6 Elaine Aron, The Highly Sensitive Person: How To Thrive When The World Overwhelms You, Harmony 1997, S. XIX–XX

7 https://www.spektrum.de/news/hochsensibilitaet-der-streit-um-die-feinfuehligkeit/1412989, abgerufen am 15. Mai 2019

8 https://www.dvct.de/coaching-training/coaching/definition-coaching/, abgerufen am 6. Februar 2019

9 https://portal.hogrefe.com/dorsch/coaching/, abgerufen am 6. Februar 2019

10 https://www.dvct.de/coaching-training/coaching/kompetenz modell-coach/, abgerufen am 5. Dezember 2018

11 https://portal.hogrefe.com/dorsch/burn-out-1/, abgerufen am 7. Februar 2019

12 https://www.stern.de/neon/herz/beziehungstipp--so-zerstoe ren-toxische-beziehungen-die-persoenlichkeit-7769296.html, abgerufen am 7. Februar 2019

13 Carl Cederström; André Spicer, Das Wellness-Syndrom: Die Glücksdoktrin und der perfekte Mensch, Crit. Diabolis 2016, S. 19

14 https://m.portal.hogrefe.com/dorsch/stress/, abgerufen am 7. Februar 2019

DANKSAGUNG

Dies wird wohl eher der Versuch einer Danksagung, weil ich mit Worten allein nicht ausdrücken kann, wie viel mir euer Zuspruch und eure Unterstützung bei diesem sehr persönlichen Buch geholfen haben.

Ich danke meinem Mann Stefan Thiele, der mir Zeit und Rückzugsmöglichkeiten gibt, Gedankenstütze in unzähligen Gesprächen und mein Zuhause ist – nicht nur in den manchmal aufwühlenden Schreibphasen.

Marley, auch wenn du als Hund nie dieses Buch lesen wirst, liebe ich dich für dein Hundedasein und deine Präsenz für jeden einzelnen Moment.

Ich danke meinen Freundinnen Carina Blank, Maria Isabel Edler, Lisa Marie Giertz, Ulrike Pehlgrimm und Bianca Jankovska für den reflektierten und oft heilsamen Austausch, dafür, dass wir gemeinsam weiser geworden sind.

Danke, Julia Vorrath, dass Sie im emotionalen Wortchaos den Durchblick behalten und als Lektorin dieses Buch überhaupt erst möglich gemacht haben.

Ein besonders großes Dankeschön meiner Mama Manuela Evelyn Schwarzberg, die mich zu einer selbständigen und sensiblen Frau hat wachsen lassen, meinen Großeltern Bärbel und Günter Schmidt, dass sie mich unermüdlich mit Vorbildern versorgt und mir Genuss und Lebensfreude gezeigt haben.

Ich danke dem sehnlichsten und besten Geschenk meines Lebens, meinem Bruder Florian Detlef Schwarzberg und unserem Papa Detlef Wernecke.